# 正直

MATSUURA
YATARO

找尋生活中的真實，成為你想成為的自己

松浦弥太郎

邱香凝——譯

推薦序

# 昨日文青的我，如何成為今日獨特的我
## ——感謝松浦先生在前方照耀著我們

資深編輯人　**黃威融**

我成為專業編輯工作者的人生轉折，跟松浦先生類似：少年流浪，青年任性，中年開始認真工作，但是又安定不下來……（這麼比喻顯然是自抬身價，不過容易理解）。

我從二〇〇七年松浦先生的《最糟也最棒的書店》這本著作開始讀他的文章，後來他在台灣成為很受歡迎的作家，身為他的粉絲當然很高興，但是在我的內心深處始終懷疑，我們所在的台灣社會真的認同松浦先生的價值嗎？台灣鼓勵我們的孩子成為像松浦先生這樣的人嗎？

松浦先生在這本《正直》裡，毫不掩飾地寫出他從小到大成長過程的細節：在哪裡長大，遇到什麼樣的人，面對世界的所思所想所作所為。我想這本書，其實是松浦先生的前中年回憶錄，他回顧過去幾十年經歷過的小事，如何淬鍊他、啟發他、成為今日的他。

松浦先生走過的路，我也經歷過一些。三十歲之前我是個文青，大學時期亂聽的音樂、隨便看的電影、收集的咖啡館名片，前幾年搬家意外找出來，那些旋律故事和聚會場景都記得非常清楚；進入後青春期，跟著身邊好友們成家立業，但是大多數都挺不順的；四十歲以後，不管工作還是家庭生活，都挺艱難沉重的。

我在二〇一六年出版的《中年大叔的20個生活偏見》用這樣的比喻描述前半生：少年文青，個性粗糙，總是多愁善感；進入後青春期，注重外形的華麗感，渴望驚天動地的戀情；成為中年大叔後，整個人滄桑了，接近低音貝斯的存在感，滄桑了，世故了，中高層了，轉折了，多話了，善感了，妥協了。

若是從專業編輯工作的職場角度，我在台灣經歷了「廣告文案和出版寫作」→「雜誌編輯圖文整合」→「創意服務混合接案」三個階段：

第一個十年，我跟著廣告公司的前輩們學到許多，這些原理原則成為我一輩子最受用的基本功；

第二個十年，我參與設計和生活雜誌的創刊，儘管這幾年產業變化劇烈，但我不會感到悲傷，因為我和才華洋溢的夥伴們曾經心領神會地集體創作，足夠我回味一輩子；

第三個十年（目前進行中），是我不再專職當總編輯，開始協助不同的企業和品牌提供創意諮詢和內容服務，我期許自己要屬於這個時代、屬於台灣、屬於那些勇敢往前的客戶。

感謝一直在前方照耀著我的松浦先生，他大我幾歲，旅行過的國家比我多好多，他參與過的雜誌比我待過的厲害好多，近幾年他積極參與新事業，個人著作一本接著一本推出，我要趕快努力追上他。

推薦序

# 問對問題，就能找到屬於自己的答案

《大誌雜誌》《The Affairs 週刊編集》總編輯　李取中

自己是個不擅長記憶的人。很多事物的回想，都要透過取出某種刻劃在大腦皮質裡的細微感覺才能慢慢描繪出當時的情境，不，與其說是當時的情境，不如說是大致上的輪廓。而經常的狀況是，許多的事物在發生過後，自己隨即不復記憶，要一直到「某天某人」的提及，才能彷彿感覺到某件事物的曾經發生。

松浦彌太郎這本書即是那「某天某人」的提及。當然我們兩人的生命歷程、對應生活的方式有很大的差異，但在一些面向的探究軌道與看法卻微妙地貼合在一起。例如：我們都習慣（或擅長）於獨處，都「不管和誰在一起，都是一個人」的態度，都不滿足於一個理所當然的世界，都不相信一個有「絕對答案」的世界。所以最終松浦先生找到了高村光太郎的詩句，找到那條「最差勁也最美好的路」。而我則找到了辛波絲卡，找到了存在的理由不假外求的「種種可能」。

這本書是當初即屆五十歲的松浦先生叩問自己的書，或許也應是每個處於人生某個階段的你叩問自己的一本書。當你拿起這本書時，其實就是對你當下人生的一個叩問，一個面對真實自己的機會，一如本書的書名「正直」。當你誠實面對自己內心深處的困惑時，你也正誠實面對著人生的困惑，唯有如此，你才有辦法擺脫你人生旅程中種種他人賦予你的正確答案（或觀念），那些你過往認為理所當然的事。

所以，也請不要試圖從本書中找到你的疑難解答或人生指南。請試圖從裡面找到你的問題，找到問問題的方式。找到二十歲的你該問這世界的問題，找到三十歲的你該問這世界的問題，找到現在的你該問現在的自己什麼樣的問題？或許，當你找到對的問題時，你也就找到了屬於自己的答案。

# 目錄

# 前言

某天某時的某個發現，在那個當下過了之後，或許只會成為一件無關緊要的小事，但日後回頭想想，那每一件每一件小事，卻在加加減減之中化成了現在自己的形狀。無論是開心的事、難過的事、成功與失敗……等形形色色。總有一天，這一切都能收進內心深處的抽屜。

我想試著一一取出這些私人軌跡中的記憶。為什麼會這麼想呢？因為我想知道自己至今看過什麼、感受過什麼，即使迷失了方向，又是怎麼再踏出一步又一步的，我想用自己的方式確認。說起來就像面對一本以自己的生存之道寫成的書。

這是為什麼呢？是為了在踏出下一步之前，重新檢視自己的生存之道，並加以改善。說改善，聽起來好像否定了過去的自己，其實不然。我現在四十九歲，明年就要五十歲了。在思考五十歲之後的人生時，我希望自己別再憑著過去的慣性過日子，想好好停下來仔細檢視自己，以「徹底了解自己」這個方式進行維修，若有必要就著手修正，像擦拭濛霧的眼鏡一般，擦掉自己身上的塵埃與污垢，再踏出新的一步。

這並不是指責自己的缺點，勉強自己改正的意思。而是如果有缺點，就先承認有這個缺點，再提高自己的潛力。

三十歲的人有三十歲的人維修自己的方式，四十歲時也有四十歲時的維修方式。因此，我希望能發揮「正直」這個一定還留在內心某處的機能，也將它用來當作本書的書名。

話雖如此，想釐清至今自己看過什麼、感受過什麼，又是如何踏出每一步，或許不是一件容易的事。可能需要徒手摸索，也可能需要繞個遠路才能有所斬獲，我一方面這麼想，一方面也感覺到說不定連這個過程都能與多數人分享。

「啊，原來我也曾遇過這種事」、「和我一樣耶」，或者「因為我當年那樣想，所以現在就變成這樣了」」等等，這些發現正可說是足以分享的寶物，如果能對讀者有所貢獻，那是最令我開心的事。

我又忽然想到，大多數的學習，與其說是來自成功的經驗談，不如說更常來自失敗挫折、令人難受或難為情的事。

關於學習的基礎，有個觀念是這樣的，那就是——發生或存在於世界上的所有事，都與自己息息相關。

大家經常都會說「那和我無關」。然而，如果老是這麼說的話，就等於放棄自己的人生。

沒有任何一件事是與自己無關。我認為，如果你時時抱持這種態度，就會有強烈的學習欲望，並對世界充滿好奇心。冷漠不關心才是最可怕的事，也是人活著最須警惕的事。我想說的是，萬事萬物都與自己有關，能否這麼想，決定了自我成長程度的差異。

活在現在這個時代，還有一件需要自我警惕的事。那就是——無論工作或生活，不要老是以自我為中心做出結論。舉例來說，像是「我今天要好好過日子」、「我要對每件事用心」等，這些都是很棒的念頭，可是，若是一味認定只要「好好過日子」或「對每件事用心」就能讓自己幸福、這樣想是對的，那就是個危險的陷阱了。如果可以的話，請盡可能讓心再往前走一點。換句話說，要去思考「為什麼我要好好過日子」、「為什麼我要用心」。當腦海中浮現了疑問，就會想到廣大的社會和人群，我認為，能想到這些事才是重要的。這麼一來，自然就會知道沒有一件事是和自己無關。內心所發揮的作用形成了良性循環，最後一定會回報到自己身上。

我想再次強調，不論工作也好、生活也好，請絕對不要自己妄下結論。為此，我們到底該怎麼做才好，是我想在這本書中和大家一起思考的。

# 永遠不會和你分手的人，就是你自己

一個人的話，想去哪裡都行。

第一次領悟到這件事時，我內心獲得解脫，也有即將開拓新世界的感受。

少年時的我，將這種感覺牢牢刻劃在心上，此後也成為我的思想核心。在我的人生指南針上，有個「你是獨自一人」的位置，永遠也不會改變。我用屬於年輕特權的心靈與身體的自由，克服了獨處時產生的不安與寂寞。

連「人是為接受孤獨而生」這種念頭都不曾有過的少年時代，這個透過經驗摸索得到的真實感受，至今仍是我的護身符。

每個人都是孤獨的。沒錯，孤獨是人生的要件。任何事都從獨處開始，從那天起，我接受了這個基本原則。

*

我是在東京中野的鍋屋橫丁出生成長，那裡離新宿歌舞伎町雖近，卻是保留了濃厚舊市街風貌的地區，我在一個像長屋一樣的公寓裡長大。

一坪多的木板隔間廚房，有廁所但沒有浴室，除此之外就是一間三坪的房間，我和父母及姊姊一家四口生活其中。晚上大家躺成一排睡覺，早上再把棉被收起來，同一個空間既是起居室，也是兒童房和客廳。這樣看來，或許會有人認為我家很窮，其實在當時，這是常見的生活方式。

整棟公寓住著八戶人家，有很多和我年紀差不多的孩子。有同年的，有大我一點的，也有小我一點的，大家總是玩在一起。就連什麼也不做地發著呆時，身邊也一定有其他人。

公寓裡的人際關係很緊密，就連大人也一樣，大家都稀鬆平常地自由進出其他人家，我們甚至連別人家抽屜裡裝了什麼東西都很清楚。

不論是在巷弄、空地、公園，或是零食雜貨店，只要是在社區內，不管去哪裡，大家彼此都熟識。隔壁今天的晚餐吃馬鈴薯燉肉、樓下那戶人家的夫妻一天到晚吵架，邊角那戶的大女兒老是被媽媽罵……所有人都共享著這一切生活瑣事。

「小彌，你上哪去？」

沒有人不認識我的這個世界是那麼溫暖，我內心充斥著滿滿的安心。

從安心變成侷促不安，大概是我小學五年級左右的事。說來或許只是因為有點孩子氣的小事。比方說，我想打棒球時，玩伴都說想打躲避球，我也只能配合大家。又或者，即使今天我只想自己對著牆壁丟球玩，只要其他人說「一起玩嘛」，我就不能不答應。

儘管還不至於到不自由的地步，但也算不上自由。在那個什麼是隱私權也不知道的年代，我們是置身於受到一股強烈「默契」所支配的群居社會，那令我覺得麻煩得受不了。我對一天到晚和玩伴膩在一起的事感到厭煩。那或許就是每個人在成長期都經歷過的，對於「身邊日常」的鄙夷。

我是個幾乎不曾違逆父母的小孩，然而，對群體的叛逆之心卻從那時開始漸漸萌芽。從某天起，我便不再跟著大家在社區裡玩了。我跨上腳踏車，決定一個人去社區外晃蕩。

只要騎上腳踏車，哪裡都能去。踩著踏板，出發冒險。每踩一下踏板，就朝未知的世界更近一步。就這樣一步一步，拓展了我的自由範圍。

到沒去過的公園，還有陌生的繁華鬧區。新宿歌舞伎町或中野百老匯就近在身旁，只要再走遠一點，還能去到澀谷和原宿。等習慣之後，騎一小時就到池袋了。也曾為了想看巨人隊練習，花了半天的時間騎到多摩川球場。

因為只有自己一個人，不必和誰商量「要去哪？」也不必在年紀大的孩子說「今天去附近空地玩」時聽命於對方。

自己一個人決定，自己一個人出發。

自己一個人四處閒晃，自己一個人回家。

畢竟還是個孩子，並沒真的做了什麼事，更何況我既沒有錢，也不知道該怎麼花。我只是一股腦地踩著腳踏車。我只是，看著街上的風景。

即使如此，跑得愈遠，內心就愈興奮。光是知道世界上有連空氣聞起來都不一樣的地方，就令我高興得不得了。

*

你品嚐過「獨自一人」的滋味嗎？

不管是買東西還是吃午飯，我相信一定有很多人「討厭獨自行動」。就連工作、讀書或思考等需要「獨處」的時候，也有不少人會想要有個同伴吧。

在意周遭眼光，偶爾落單時就會擔心「人家會不會認為我是沒朋友的可憐人」，這樣的人一定也是有的吧。也有些人隨時都想找人交換意見，一旦無法確認自己「和大家一樣」就會坐立不安。

可是，只要和誰在一起，真的就能解決一切問題了嗎？

別人能為我們拂拭內心那股不對勁或寂寞的感覺嗎？

我不認為。再說，想活得有自我風格，想實現自己的夢想等等，更是得靠自己。

長大之後我才發現，從小我就擅長獨處。我沒什麼專長，也不是特別深思熟慮。只是，我從小就懂得一個人獨處的樂趣，也體會過一個人獨處的艱難，在不知不覺中學會了「不管和誰在一起，都應該是一個獨立的人」的心態。

高村光太郎的詩寫道：「有一個自己，是自己承受不起的。」讀到這首詩時我好驚訝，竟然有這麼達觀又客觀的想法，從此便難忘這句話。我從這句話中得到共鳴，認為那形容的正是我。

在面對任何人之前，必須先面對自己，對「自己」這個人得感到興趣才行。總覺得，如果無法對自己感興趣，也無法對別人感興趣。

你就是自己的朋友。

接受「獨處並沒什麼不好」這件事。這不是要你一個人躲起來，而是要審視自我，了解原本而真實的自己。唯有先這麼做了，一切才能開始。

至少，對任何人而言，永遠不會和你分手的朋友，就是你自己。

在對別人展露笑容前，請先從對自己微笑開始。

# 「一對一」是所有事物發展的基礎

關於「一對一」這件事。

這是我在要做所有事情之前，會先思考的事。

任何事都是從一對一開始。聽起來理所當然，但是在做事的時候有沒有意識到這一點，將會產生天差地別的結果。我認為在一對一的狀況下，一定會產生某種類似承諾的東西，那承諾或許不一定是語言上的約定，也或許是在彼此心靈間所產生的承諾。如果實現這個承諾，你便往前跨出了一步。

我認為，面對他人最基本的態度，與其說是和人對峙，還不如說應該是要建立一對一的關係。

*

我在童年時進行的腳踏車冒險，說得誇張一點，就是把自己這個「異類」丟進陌生的地方。

去一個不為人知的地方，呼吸不同的空氣，喝不同的水，你會感覺自己就像變成了另一個人。

然而，仔細想想，對外面那個世界的人來說，空氣和水都跟平常沒兩樣，我才是出現在那裡的「異類」。比方說，我們在出國時或許會產生「到處都是外國人！」的想法，可是對外國人來說，我們才是「外國人」，這是一樣的道理。

話雖如此，我仍是個對不同世界抱持好奇心的小孩。大概從五歲起，我就會一個人上澡堂了。不過，我沒有固定去的澡堂。當時住家半徑五百公尺內，差不多有三到四間澡堂，我都是根據當天心情決定要去哪間澡堂泡澡。當我去稍微遠一點的澡堂時，在那裡一定會遇到不同學校的孩子，那就像是在地的孩子劃起地盤的概念。

落單的我，一看就知道是「外來者」。我很喜歡那種格格不入的感覺，覺得很有意思。

一個人去陌生的地方，既不用迎合別人，也不需與人過度親近，可以隨興地找到自己的容身之處。我在讀小學的時候，已經發現怎樣才能巧妙融入群體，又不會失去自我的箇中祕訣了。

騎腳踏車到自己地盤外的公園玩時，那裡的孩子一定會對我懷有戒心。「來了個沒看過的傢伙」，他們會像這樣想著，偷偷地觀察我。

出於好奇，我總會試著跟對方攀談，不過，當對方是一群人或二個人時，多半都不會理我。即使不會欺負我，對方還是會拒人於千里之外地有所戒備。不管是去公園還是鬧區，找年齡相仿的人攀談時經常失敗。

在一次又一次的挫折中，某天我忽然發現一件事。那就是，只要仔細找，每個地方一定都會有落單的孩子。於是，我開始刻意找尋落單的人講話，結果發生了意想不到的事。

「你幾年級？」

「六年級。」

「是喔，我五年級。你在這幹嘛？」

只要是一對一地進行對話，就能在完全沒有自我防備的狀態下自然展開對話。儘管只是漫無目的地閒聊，但確實能獲得對方的回應。

當一個人闖進一大群人中時，只會被當成空氣；但如果是一對一，就不會有這種情況了。

在街上，如果是一群人碰到另一群人時，也許會形成對立的局面，可是一對一就沒這種問題。雖然這只是件微不足道的小事，但對我來說，至今都認為這是個大發現，這個祕訣也被我當成寶。沒錯，一個人時，就能擁有「自由」的這個強項。

在高中輟學，前往美國流浪的十幾歲到二十幾歲那段時期，我就用這個方法找到自己的容身之處。到了一個陌生地方，我會先找搭訕的對象，鎖定的目標就是「落單的人」。不能是一對二，也不能是二對二，一對三也不行。可是，只要是一對一的情況，跟任何人就都能建立起人際關係。

累積了一連串失敗與成功的經驗後，我確定以下這種方法的確有效，那就是：「不管到哪裡，只要找出落單的人，然後跟他以一對一的方式往來就沒問題了。」

幸運的是，在充滿眾多外來移民的美國，人們也習慣輕鬆地和陌生人打招呼。搭同一班電梯的人會互相寒暄，擦身而過的陌生人也會隨興地稱讚你「襯衫真不錯」。或許正因受到這種舒服氛圍的鼓勵，我愈來愈熱衷於建立一對一的人際關係。

當然，並非所有一對一的情況都能寫成美麗的故事。

比方說，有一次，有個我不認識的女人以一種老朋友的口吻打來電話。當時我正處於孤獨之際，對方問我：「要不要一起去看電影？」我聽了當然很心動。滿懷期待地到了約定的地方，想不到卻有三個人在那裡等我，結果，我成了冤大頭，被迫幫她們買了不少昂貴的商品，這件事讓我留下痛苦的回憶。

然而，正因為當時我隻身一人，所以後來我也能理解：「其實這並不是誰的錯，只是自己一時疏忽，才讓別人有機可乘。」

*

即使是在徹底無望的情況下，但只要我一旦下定決心，不管是採用什麼樣的方法，我用得最徹底的還是一對一這種方法。當人和人相對而坐，相對而視，相互交談，自然會敞開彼此的內心。我深信只有一對一才能達到這種效果。

「如果不是一對一，就難以有所進展。」

這種感覺在工作場合特別明顯。當你想提出某個創意，或希望推銷商品時，有時會和介紹客戶給自己的仲介者同行，或是和一些具有專業知識的人們一同前往，那樣雖然也會激盪出什麼火花，然而，只要好幾個人一起行動，計畫就會進展得很緩慢。因為責任歸屬分散，每個人投入心力的程度也不同。

在私生活上，想跟人建立更深層的關係時也是如此。聚會時，這邊有兩、三個人赴約，對方也來了兩、三個人，一起聊天卻是毫無收穫。儘管也能聊得起勁，但是只限當場。彼此都感覺到「有所收穫」的情形可說是幾乎沒有。「共享」有時也會成為絆腳石。信任、理解、承諾、共鳴，全都只有在一對一時才會產生。

於是我決定，即使無法百分之百做到，但面對「重要時刻」時，無論如何我都要堅持使用一對一的方法。和人面對面，四目交接，交換意見，對彼此敞開心房，我相信這些都只有一對一才能達成。

舉例來說，當我想對否定我的人表達想法，或是想說服誰的時候，都會盡可能努力確保是在一對一的狀況下進行。

不知道最後結果究竟會如何，無法事事都按照計畫進行，這些情況都所在多有，畢竟對方也有自己的心情和立場。不過，只要是以一對一的方式進行，無論結果如何，彼此都能認同。就算不成功，至少也感覺自己已經盡了全力。

說得更極端一點，即使你面對的是首相或總統，只要你能與對方以一對一的方式交談，一定能聊出有意思的話題。在沒有祕書、親信或工作人員的場所，如果就只有你們兩人交談，也會產生只屬於你們彼此共有的祕密。

無論再厲害、再偉大或地位多崇高的人，只要重視在一對一交談時做出的「小小承諾」，前方就會延伸出一條道路。我甚至認為，一個人的力量是所向無敵的。

比方說，當你在陌生的街上散步，看到獨行的老人家，上前跟對方說聲「您好」打個招呼也是不錯的訓練方式。一個人去參加派對，尋找也是隻身前往的人攀談，就是一種建立基本人際關係的做法。

任何人際關係都是從一對一開始。一對一是一切的基礎，機會就是從一對一之中誕生的。

雖然我剛好是天生不怕寂寞的類型，但這種做法和個性無關。無論是害怕孤單或跟誰都能聊不停的人，人際關係都能從一對一開始發展、茁壯。

不論是拓展縱向或橫向的人際關係都是好事，只是永遠都別忘記自己是其中的一個點，也只能以單點的方式行動。換句話說，就是要永遠保持獨立。不依賴任何事物，遇到事情先自己思考、自己判斷，然後自己行動。

單點行動也更不受牽絆，不管何處都能自由來去。

# 打破常規，脫離「普通」之列

沒有比「普通」更莫名其妙的詞彙了。

那就像是個咒語，有時甚至是將自我特色封閉起來的箱子。

或許，「普通」這兩個字會令很多人覺得心安，但是，所謂「普通」到底是什麼？

普通和不普通的差別是：普通是有前例可循，也是習慣的事。至於不普通是什麼，就沒有答案了。但我認為，那才是具有無限潛力與魅力之處。

我總是在想，若眼前的所有事物不普通，那會是什麼樣子？換句話說，我一直在思考，嶄新的事物是什麼樣子。

＊

忘了是幾歲的時候，我開始注意到不管做什麼，都會聽到有人說：「普通不會這麼做吧」、「一般都是這麼做的」，或「這才是常見的做法」之類的話。

什麼是普通什麼是不普通，我不知道。只是內心產生了疑問，難道「不普通」就等於「不好」嗎？

我尊敬父母，也喜歡身邊的大人，但他們老是掛在嘴上的「普通」，對我而言是完全無法理解的事。

上中學後，「普通」更多了些強制性的力量，變成校規。老師們總是異口同聲，把「普通」與「學生該有的樣子」畫上等號，像是中學生該有的髮型、中學生該穿的服裝、中學生該表現的舉止。即使如此，我依然無法理解「普通」這件事。除了校規之外，學校更是個受「普通」束縛與支配的世界。

大家通常都穿這種衣服，和朋友多半都這樣玩，一般都是用這種方式說話……這些不是誰硬性規定的，學生手冊裡也沒有這麼寫。可是，學校裡的這些「普通」，束縛力遠大於校規。

如果換成時下的場景，就是大家都玩同樣的電玩遊戲，大家都下載一樣的應用程式，大家都穿類似的衣服，那是一種無聲的強制。當年的說法是「同儕壓力」，以我的經驗來說，從十幾歲的時候就開始感受到被「普通」支配的氣氛了。這裡的「普通」正是——「和大家一樣」。

漸漸地，我開始看不慣把「普通」掛在嘴上的大人或老師了，內心會厭惡地想：「怎麼還在說這個！」

對同學也開始產生「少來了」的感覺。

我心想：「必須隨時活在大多數人的意見裡，這根本是騙人的吧。」就算每個人的意見都不一樣又有何妨。應該說，每個人的意見原本就應該是不一樣的，但大家卻刻意配合多數意見，好讓自己沉浸在「跟大家一樣」的安心感中。看到這樣的同儕，我真的很受不了。偶爾出現像我這種會說出自己意見的少數人，卻總是被迫融入大多數的框架中，這也讓我很反感。

我其實沒做過什麼了不得的壞事，也沒變成不良少年，不過，我很喜歡那些不會自我壓抑的人，我想和他們交朋友。在我眼中，那些無法忍受被塞進「普通」框架而大爆發的不良少年們，那些想說什麼就說什麼、想做什麼就做什麼的問題兒童，他們好自由，我喜歡他們。話雖如此，但我並未加入他們之中。因為，充其量我只是個喜歡獨處的少年。

*

當時，那些被周遭視為「壞孩子」的朋友們脫離了普通的框架。光是這樣，就讓他們閃閃發光，散發魅力。

成為大人之後我才理解，脫離普通的下一步，或許就是相信自我，從而發現嶄新的自己。

離開「和大家一樣」的圈子，就能走出自己的路。這無關年齡，或許這就是獨立，從此踏上發現自我的旅程。老實說，我雖然忐忑不安，但仍選擇了總有一天也要鼓起勇氣、踏出那個圈圈的生存之道。獨自一人。

# 打造屬於自己的規則

「為什麼？這是什麼？究竟是怎麼回事？」

對一切都抱持興趣與探究是我的基本態度，也是用來打開世界之門的魔法鑰匙，這把鑰匙名叫「好奇心」。

我喜歡秉持兒童般的單純，用什麼都不懂的目光看事物，這樣得到的答案會不只一個，而是有無限多。凡事也都抱持著興趣與好奇，不眼見為憑地做出判斷。看事物的角度有很多種，可以從內看、從外看，也可以橫著看、斜著看。不只看表面，還要看內在。

然而，若說這樣的我是「始終保持孩童般的天真無邪」，好像又有點不對。其實，我只是始終在找尋「真實」的事物而已。

*

「為什麼大人要這麼做？」

「為什麼世界會是這樣的？」

我在孩提時代一直在思考這類的事情。因為我是個疑心很重的孩子，對什麼都抱持著強烈的疑問。

小時候，我一直認為「絕對的答案」得靠外求，是由別人來教會我的東西。舉例來說，長鼻子的動物是大象，寒冷的早晨要戴手套，一加一等於二，雲朵跟棉花不一樣，是聚集成團的水蒸氣。

比我大的孩子、姊姊、父母或老師，總會充分解答我的疑惑。

「人為什麼而活？」漸漸地，我從自己抱持的疑問中，學會許多連大人都不能給我答案的事。隨著年歲漸長，有些時候我不再能滿足於別人給的答案，也無法接受敷衍了事的答案，而是一直不斷地思考「究竟真正的答案是什麼？」我甚至認為世上的一切都是謊言。我根本已經超越了懷疑，而進入極度存疑的境界。

所以我才會對各種事都抱持著好奇心，到四處仔細觀察各種事物吧。

現在回想起來，我所追尋的「真實」，可能就是「絕對美好的事物」。

絕對正確的東西、生命的起源、普遍的真理、蘊藏如生存指南般令人深信不疑的東西……我心中模糊感受到的「絕對美好的事物」，大概就是這些吧。

美好的事物是什麼，具體來說我並不知道。然而，我卻得一直被以「總之這是規矩，你必須接受」的理由，被迫接受覺得一點也不美好的東西。

這或許是每個人從小孩邁向大人的時代都曾感受過的苦悶，總覺得學校裡的教條與規矩不是對的。如果那甚至不是正確的，自然就與「美好的事物」沾不上邊。

說得誇張一點，我每天都在煩惱自己到底該相信什麼才好。沒有人能給我答案，也或許打從一開始就沒有答案。到最後，找到的答案也只能靠自己確認是否正確。

「這是什麼？」「為什麼？」「究竟是怎麼回事？」不論對多少人拋出這些疑問，問了幾個人就有可能得到幾個答案。到底該相信哪個答案才對呢？說到底，我們還是無法依靠別人，只能自己確認。唉，這種時候最能深深體會到人類是孤獨的個體。

但是我一點都不覺得寂寞，也不覺得自己孤單。

當我面對自己時所得到的答案，就像是今後在人生中某種類似「下定決心」所做出的決定。我靠的不是對外的依賴，而是必須在探索自己的內在之後才能夠獲得的體驗。

直到現在我依然清楚記得，當時還是個國中生的我，在感到「孤獨」的瞬間，同時也打從心底鬆了一口氣。

巧合的是，那迷途稚子般的我最後找到的答案，也是詩人高村光太郎的詩句：「最糟也最棒的路」。

這句出自高村光太郎詩集的話語給了我力量，將蒙上陰霾的心變成透明的顏色。值得相信的「絕對美好的事物」就被簡化在這句話裡。

最糟和最棒總是同時存在，無論哪一方都具有真正的價值。這對我來說，簡直是足以改變一生的震撼新發現。最差勁與最美好，就像善與惡、美與醜、正常與異常一樣。

為什麼這麼說呢？因為至今我們學到的「正確的事」，都是「和每個人做好朋友、把自己打點得漂亮或帥氣、考一百分」之類的目標，完全偏向「最美好」那一邊的舞台。

然而，光太郎卻說，人們同時擁有最美好和最糟糕的東西，他甚至說這是件很棒的事。

這是我第一次發現自己學會認同、接受並面對自身最好和最壞的一面。最壞，但同時也最棒，這正是我追尋的「真實」。超讚的，不是嗎？

人類同時具備了最糟和最棒的特質，也擁有最差勁與最美好並存的生存之道。對我來說，在打造「屬於自己的規則」時，就是個起點。有好的一面當然也有壞的一面，但不管哪一面，那都是自己。只有認同它，跟兩邊都好好地交往下去，才是正確的生存方式。

*

沒錯。如果向外尋求不到絕對正確的答案，只要打造屬於自己的規則就好。我終於明白，規則這種東西不是別人給的，而是要靠自己創造。

# 坦誠、親切與微笑

「坦誠親切」是我人生中重要的原則，甚至可以說是理念、是目標，也是迷途時的指標。除了這兩點之外，我還想再加上一項，那就是「微笑」。也就是說，我的人生原則就是「坦誠、親切、微笑」。

*

小時候，我是個喜歡看書的小孩，其中尤其喜歡傳記，像是野口英世、林肯、居禮夫人、甘地等偉人傳。跟小說比起來，真實存在的人物更吸引我。

另一方面，我小時候也喜歡打棒球，喜歡騎腳踏車出門，喜歡在戶外遊玩，喜歡的程度和讀書不相上下。

上了中學之後，我開始仔細啃書。那正是我對一切抱持懷疑，想找出「絕對美好的事物」的時期。

「說不定能從某個人的人生或前人做過的事裡找到什麼靈感？」

我抱持這種想法，每天都上圖書館。有時還蹺課不去補習，跑到書店站著看書。

剛開始，我還是一直找傳記來讀，漸漸才改變閱讀的類型，讀了不少卡內基或拿破崙・希爾等勵志作家始祖所寫的成功哲學。到最後，連愛德加・凱西之類的精神領域書籍，甚至是聖經或佛經都找來讀了。

只要覺得某本書還不錯，就會把同類型的書全部找出來，讓自己浸淫其中，受到影響。不過，有時進入某個領域，在看清楚實際狀況，一旦發現跟自己想的不一樣之後，也會立刻放棄。

在讀過各式各樣的書籍後，我產生一種感覺。

「關鍵果然還是在『人』。」

我隱約察覺，自己追求的不是驚世駭俗的事，不是哲學也不是宗教，而是能教會我何謂「絕對美好事物」的人，而且是真實存在過的人。

「坦誠親切」，是宛如我人生導師般的詩人高村光太郎，為花卷山口小學所寫的一句話。

那天，當我在展覽上看見裱在框上的這句話時，第一次感覺自己找到「絕對美好的事物」了。

我覺得這就是真實。對於自己該怎麼做，該有什麼態度，想怎麼活下去，似乎已找到最接近答案的東西。

生活方式這種東西因人而異，能不能辦到某些事也有能力上的差異。有些人過著富裕的生活，也有些人過得很艱困。每個人天生具備的條件都不一樣，唯有「坦誠親切」這兩點，只要願意，人人應該都辦得到吧。

我發現人與人交往時，只要徹底實踐「坦誠親切」，就不會再自尋煩惱了。活得坦誠親切，或許這樣就已非常足夠。只要將坦誠親切這個理念當作自己的目標就好。如果沒有看到這句話，大概就不會有現在的我。

直到如今，「坦誠親切」這句話還鮮明地鐫刻在我心上，而且還一年比一年更熠熠生輝。我簡直是這方面的專家了。這或許是因為，年紀愈大愈知道要做個坦誠親切的人有多難。

我可以擺出一副真誠的表情，也可以裝親切。可是，要活得絕對「坦誠親切」真的非常難。

我也有脆弱的一面，內心也有欲望。有不願意承認的事，也有自私自利的時候。

「能對人坦誠到使自己失去什麼的地步嗎？」

「能呈現百分之百的自己，真實面對他人嗎？」

面對這些質疑時，我總是狼狽不堪。

中學時，我以為「這麼簡單的事，誰都做得到」，也正因此而覺得是天經地義的事，但那並不是因為當時的我太單純。

年輕時代，我就算做不到也會覺得自己可以辦到。之所以能在自己沒有察覺的狀況下自我欺騙，大概是因為當時雖然已能大致了解事物的面貌，但還無法洞悉事物的本質，直搗核心。

然而，成人之後的我，已經無法再瞞騙自己。

只要用無法輕易瞞騙的目光審視自己，就知道我離完全的「坦誠親切」還有一大段距離。我還無法獲得「絕對美好的事物」。

可是，縱使還做不到，但只要隨時將「坦誠親切」當作護身符般隨身攜帶，就會有很大的差別。

「無論如何，知道自己還擁有人生理念，就有個能重新開始的起點。」

光是這麼想就能讓我放心許多。

比方說，與人溝通時，若能總是提醒自己「坦誠親切」的重要，就不會一味從別人身上拿取，自己也能付出與給予。

「坦誠親切」是支撐我所有工作的基礎。換句話說，也是我的原動力。

在生活中，我們每個人都得和其他人建立關係。此時，最好可以好好表達自己的想法，用簡單易懂的方式說明自己重視的是什麼，以理解彼此為前提相互合作。

就這層意義來說，「坦誠親切」確實成了我的護身符。因為這樣就能輕易讓別人得知，松浦彌太郎這個人重視的是什麼了。

若是遇到了能當作一輩子護身符的箴言，把這句話刻劃在內心深處就會感到幸福。我遇到的剛好是高村光太郎教我的這句「坦誠親切」，相信每個人都能在相應的時機找到最適合自己的一句話。

此外，還有「微笑」。即使在語言不通的國外，在遭逢困難而寸步難行時，至少還能給別人一個「微笑」吧。雖然這麼說有點牽強，但我覺得不管發生什麼事，大抵都能用微笑解決，甚至覺得連病都能靠笑容治好。

我總是用「微笑」克服許多困難。所以現在，除了「坦誠親切」之外，我想再加上「微笑」。

日後，我將秉持「坦誠、親切、微笑」的理念繼續生活。

# 尋找人生的最佳擊球點

我做過建築工地的體力活，當過咖啡店的廚房幫手或服務生，發過傳單，當過搬家工人，也曾做過食品推銷員，還有大樓的清潔工。無法適應校園生活，高中中輟後找不到固定工作的我，年輕時靠各式各樣的打工維生。

我遇過不適合的工作，也曾只做一天就辭職。

也有時只是因為還不錯的時薪，就持續做著不想做的工作。

犯錯、不順利、工作後感覺很不好、做出丟臉的事……我可以舉出好幾個得找藉口才能自圓其說的無可救藥經驗。

「我窮盡畢生精力，希望能找到真正想做的事情。」

我死命找尋那個答案，換了一個又一個工作。當然有時也只是為了要活下去。

＊

泰德・威廉斯是位美國的棒球選手，創下史上第一位單季打擊率超過四成的紀錄。我從一本與他打擊理論有關的書中學到許多。

那本書提到，好球區（strike zone）的範圍很大，可是只有當球來到好球區中的「最佳擊球點」，也就是「甜蜜點（sweet spot）」時，他才會揮棒。

一般的打擊者，只要球來到好球區就會揮棒，很少人像他這樣，對來到最佳擊球點之外的球視若無睹。

只將力量集中在自己絕對擅長的點，一旦遇上就不假思索出手。我也想做這樣的工作。不要這個也試，那個也碰，而是專注在自己找到的「真正擅長的事」上。

在工作上會遇到各種事，好球區其實比想像中還大。只要時機對了，或許就能擊中，當然也可能就這樣安全上壘。

但是，如果想打出全壘打，就必須將揮棒時機集中在球來到只屬於自己的最佳擊球點那一刻。

為此，必須先知道自己的甜蜜點在哪裡，而方法只有一個。那就是，要先揮棒把所有來到好球區的球都打過。透過不斷大量地將每顆來到好球區的球擊出去，經歷多次失敗後，就會從中找出自己的最佳擊球點。反過來說，如果不先姑且揮棒嘗試，就永遠不會知道自己的最佳擊球點在哪裡。

對可能無法擊中的球揮棒需要勇氣，也或許會丟臉。說不定還會被三振出局，或者揮棒落空。

假設好球區裡有一百個點，最佳擊球點大概只占其中三個吧。這樣的數量好像太少了，事實上，我也經歷過許多想大喊「不會吧」的事。就算覺得自己辦得到，但還是有太多事無法順利達成。說來悲哀，從這個過程中，我發現了很多「自己非常喜歡，但就是沒有才華」的事。

然而，每個人一定都有屬於自己的最佳擊球點。在不斷揮棒的過程中，肯定會逐漸感到踏實，找到足以發揮自己實力的擊球點。

抓到順手的感覺之後，剩下的就是不斷鑽研，精益求精。在那之前，首先必須不斷揮棒，即使一再被三振也不要在意。

*

剛進入社會的二十幾、三十幾歲時，就是試著將所有飛來的球都一一擊出的時期，那也是年輕時「該做的工作」。最好不斷揮棒，讓手上的水泡都被磨破。

大部分人或許無法像我那樣多方嘗試，但是，即使待在同一個公司的同一個部門，只要遇到來自不同方向的球，就該挺身擊出。更重要的是，要提醒自己持續站在打擊位置上。

進入四十歲之後，若已隱約知道自己的最佳擊球點在哪，心裡就會踏實得多。即使當不成全壘打王，也相信自己打得出全壘打，以單季四成以上的打擊率為目標。

「就算你這麼說，我還是找不到啊！」說著這種話的人，或許是太想在一開始就找到最佳擊球點了。不曾經歷揮棒落空或被慘烈三振的經驗，卻想一蹴可幾地找出最佳擊球點，那根本是不可能的任務。

「自己適合做什麼，有什麼樣的才能？」

如果只是坐在書桌前思考這種問題，想得再深入都只是浪費時間。

我相信好好花時間是很重要的事，但是時間有限。與其坐著煩惱，不如把時間花在「經驗」上，好好練習才對。

我們常聽到人們說「找不到自己真正想做的事」這樣的話，但其實根本不用為這種事煩惱，連思考都不用。

想找到自己想做的事，就從積極「找尋自己能做的事」開始吧。

因為「想做的事」只是願望，雖然自由但不實際。

就算認為已找到「這就是我想做的事！」實際動手執行後卻一點也不順利，結果發現那並不是自己的最佳擊球點，這種事也所在多有。

在即將邁入三十歲時，即使找到「我想成為大聯盟選手！」這種理想，大多數情況下只不過是癡人說夢。這個比喻太極端，可能大家聽了只會理所當然地覺得好笑，但回頭看看自己，其實說不定也懷抱著一樣不切實際的願望。願望這種東西，因為是出於自己的欲望，或許總是帶點任性的孩子氣也說不定。

「找尋自己能做的事」最好的方法，就是相信夢想終會實現，然後什麼都去嘗試看看。

試過各種可能後，不但能獲得諸多感受藉以培養勇氣，同時也能從實際經驗中累積實力，找出幾件自己能做到的事。其中，能帶給最多人喜悅的就是自己的最佳擊球點。

而且不僅要帶給自己喜悅，更要帶給別人喜悅。

那不僅是「自己能做到的事」，還是重要的最佳擊球點。

# 一切都值得嘗試

「成功的相反不是失敗，而是什麼都不做。」

我永遠無法忘記聽到這句話時內心的震撼。

這是我住在紐約時聽到的，或許是很美式風格的想法，但我仍從這句話中獲得許多勇氣。

什麼都試著做做看，就算結果不好，只要能從中學到很多，那就是毋庸置疑的成功。

姑且先試著挑戰，無論結果如何，天無絕人之路，肯定能遇上別的機會，也一定會帶來下一個可能。

*

不論想到什麼事情，都先試著做做看。

我二十幾歲到三十幾歲時，就是這麼做的。我把心中的想法全部寫在紙上，然後一樣一樣嘗試，每件事都親自確認過。儘管也做了很多被嘲笑的事，但因為都是自己獨力進行的，倒也沒給誰帶來困擾。被說做了「蠢事、浪費時間的事」時，我也是嘻皮笑臉帶過。

後來，用打工存下的錢，我去了美國。

對別人說起這件事，對方總會問「為什麼你要這麼做？」我說，我只是想確認那個我不認識的地方有什麼，如此而已。不是聽別人說，也不是從書本得知，就是想去那裡，我想用自己的眼睛看，用自己的身體去感受。

在舊金山時，我給自己的日課是「每天認識一個新朋友」。

一天一個，一年就是三百六十五個。聊那個人的工作也好，熱衷的事也好，就算只是聊聊天氣都可以。走在路上，一和誰對上眼神就開口搭訕。

那時我的英文還不好，多半只能聽對方說，即使如此，這也是很好的會話練習，話題內容又很有趣。天黑後，一想到「今天還沒有認識新朋友」，我就會換上外出服，為了認識新朋友而出門上街。就像小學時，跨上腳踏車前往陌生城鎮一樣。

有一陣子，我的日課是「踏遍曼哈頓每條街」。每天走遍所有道路，當成工作去做。

據說面積和世田谷區差不多大的曼哈頓，街道規劃得像是棋盤格。不過，儘管有像第五大道或中央公園外圍那麼整齊美麗的街道，在東河沿岸或哈德遜河沿岸那些「邊緣地帶」，道路設計並未很完善。

那是八〇年代末期治安不好的時候，有很多危險的地區，所以我得鼓起勇氣，小心翼翼地走。然而，無論是沒有經過整修、凹凸不平的街道、充滿垃圾的街道，或稱得上是「險路」的地方，都令我雀躍不已。

很快地，光是走路已經無法滿足我。於是，我想到一個主意，就是製作了一份當時我感興趣的書店地圖。我撕下電話簿裡「書店」的那幾頁，一間一間親自造訪。

當時雖然也有導覽書籍，但我寧可用自己的眼睛去看，用自己的耳朵去聽，親自去確認，因為這樣做會帶來許多新發現。

日本也有許多書店，但那種在車站前的小書店幾乎都是在店頭放雜誌與暢銷書，店內放文庫本與漫畫的形式。我對書店的印象就是如此的單一制式化。

然而，美國的書店每間都不一樣。選書反映出店主的個人喜好，而不是每間店都擺放一樣的暢銷書。聯合廣場有提供大量新舊書籍的老店，也有只販售詩集的書店，在歷史悠久的書店裡可以看到十九世紀作家的初版書，也有非常隨興的書店，任由客人坐在沙發或地毯上看自己想看的書，店主自己則抱著貓打瞌睡。

漸漸地，我經常去那些蒐羅了自己喜歡領域書籍的書店，試著和店主聊天。即使英語說得坑坑巴巴、七零八落，但只要拚命表達「我喜歡這間店的選書」，對方也都肯熱情地聽我說，彼此開始有了交流。不論是對於美術書籍、攝影集、建築物相關書籍等各種類型的書，我從紐約書店的店主們身上學到了許多事，對後來的人生造成很大的影響。

*

只要什麼都去嘗試並確認看看，就會一直湧出「下次執行的創意點子」。無論何時，找出「下一步」都是很重要的事。「現在」正是為了要引發連鎖效應而存在。

這和戀愛似乎也有點像。喜歡上某個人，想和對方培養感情，甚至是進一步交往，就會思考各種可能性。

思考「怎麼做才能每天都見到對方」，於是會去查對方上學的路線。

思考「該如何才能和對方說上話」，會在腦中想像那場景，或是思考「該如何利用機會提出邀約」，於是就去調查對方的興趣。

這麼一來，腦中就會不斷浮現各種點子，想到無限多種能和對方熟識的方法。

其中或許也有愚蠢的點子，畢竟人只要一談起戀愛就會變笨。不過，變笨也是很美好的事。

一旦變成笨蛋，就算進展順利的機率變低，就算不夠帥氣，「什麼都想試著做來確認看看」的熱情卻會如泉水般不斷湧現。

只要變成笨蛋，就不會一味用大腦思考，而是充分地跟著「心」行動。

真的感到苦惱，覺得走投無路時，請回想自己談戀愛時的情景吧。一切都是相通的，變成笨蛋一定會讓你湧現能量。

有時，只要做一個向前走的笨蛋就好。

*

透過經驗確認而獲得的東西，會成為自己專屬的正確資訊，也成為值得珍藏的個人資產。這麼說或許有些牽強，但我認為，如果想使自己成長，就要盡可能地「走、看、聽」。

一九七〇年代，有一本由宮本常一先生監製的《走看聽》雜誌，是站在民俗學的角度介紹日本全國各地的習俗文化、食衣住行，秉持「走看聽」的理念進行採訪，是一本很棒的雜誌。

現在雖然是個上網搜尋就能得到答案的時代，但我認為，蒐集資訊最好的方式仍莫過於「走、看、聽」。

猶豫的時候，煩惱的時候，站起身來，實際用「走、看、聽」的方式突破瓶頸吧。

# 我的魔法詞彙

我想要更上一層樓。

雖然對此我沒有很具體的想法，但也有自己心目中理想的成功藍圖。

這樣的動機無關年齡，只要是人在成長、改變的時候，起點應該都來自這樣的成功欲望吧。

所謂的欲望，也只能算是起點。我認為唯有等到開始思考「接下來該如何做才會成功」，並且鼓起勇氣付諸實行，才算是踏出改變的第一步。

然而，年輕的時候因為經驗尚淺，又缺乏技巧，我實在不知道該如何展開行動。

也有人就這樣無法施展全力，像抱著一塊沉重的大石般沉入沼澤。陷入「放棄理想」這種深深的沼澤後，就再也難浮上來。

*

從約莫二十歲的這段時間，我一邊打各種零工，一邊往返於美國和日本之間。這樣看起來好像很酷，其實我只是為了活下去而拚了命工作。因為懷有「想做些什麼」的心情，只要不是壞事，什麼工作我都做。

我隨時都在思考，要怎麼樣才能像提高標價一樣提升自己的價值？要怎麼樣才能認識更多各式各樣的人？

我既缺乏光憑思考就能得出答案的智慧，想採取行動又沒有足夠的技能。若想與他人建立關係，就得先去認識更多人才行。那個時代不像現在有網路，人與人之間的聯繫與溝通更需要花費一番工夫。

起初，我發揮自己從造訪眾多美國書店培養出的眼光，開始做起採購珍貴藝術書籍再轉手販售的工作。但是，光靠這樣很難養活自己，因此，只要有工作找上門，不管是什麼類型我都會去做。舉例來說，我曾透過創作者的介紹，到電視台幫忙製作節目，也為流行服飾品牌編過型錄，還做過活動企劃的工作。或許有人會覺得我的日子過得很充實，事實上，愈容易接到的工作報酬就愈少。

回想起來，當時的我比較像是個「有點好使喚的萬能幫手」。三十幾歲時幾乎都是做這類工作度日。我覺得那時幾乎都沒有休息過，明明已經忙得不可開交，手頭卻總是沒有錢。不過我並不在乎，因為我工作的目的不是為了賺錢，只是想什麼都做做看而已。

比起賺錢，能接觸許多人令我更開心。我最害怕的是無聊到發慌。

三十五歲之前，我做的都是基層的工作。

不過現在回頭想想，自己的力量正是在這段期間培養出來的。同時，正因為有過這段時期，所以連心靈也鍛鍊得很堅強。因為我總是處於最低的地位，所以隨時都在往上看。有些事只有在最底層才看得到，也才辦得到。

即使如此，我並不是沒有遇到過挫折，也曾差點放棄一切而陷入沼澤。在那種時候，我就會輕聲唸出「魔法詞彙」。

「等著瞧吧。」

這句話，我不知道唸了幾千次、幾萬次。

有人說：「看你的個性不像是會說這種話的人」，但我真的是打從心底那麼想，一次又一次地碎唸「等著瞧吧」。

當然，這麼說並不代表我想贏過誰、想打倒誰或給誰好看。我的意思是：「等著瞧吧，我的存在或許微不足道，可是總有一天，我會大顯身手，為社會做出貢獻，讓自己和世界產生緊密的連結。」

這句魔法詞彙，也是在把自己逼到極限，或者真的脆弱到極點時，在最後的最後才說出口的話。

最近我發現，最後的最後，就是指掉到不能再低的底層。若是已沉入最深的池底，唯一能做的就是用力一蹬，讓自己往上浮起了。雖然是在池底，但那卻不是要就此放棄一切的沼澤深處。

直到現在我依然會這樣做。即使我沒有說出口，但在遇到令人懊悔、不合理，或難以忍受的情況時，我仍會在心中默默說道「等著瞧吧」。

不像我會說的話也沒關係，聽起來不光采也沒關係，一定會有需要用這句魔法詞彙讓自己奮發圖強的時候。

今天的我也對著遼闊的天空嘟噥了「等著瞧吧」。這就是我的魔法詞彙。

# 擁有健康的野心

和二十幾歲、三十幾歲的人講話時，會隱約感到他們似乎少了一點想成功或想做什麼的基本野心，也沒有熱切地想要出人頭地。

人生當然不用以達到巔峰為目標也能活得下去，畢竟現在是個豐饒的時代，日子確實可過得差強人意。為了讓自己過得平順，也有很多配合別人的生活方式。

市面上買得到便宜又舒適的衣服，有些餐廳即使不貴還是很好吃。不花錢的生活法俯拾即是，又有個人特色。現在流行凡事都不勉強自己，認為做自己最好。儘管大家都嚷著生活大不易，但在日本社會幾乎沒有人是餓死的。

即使結了婚、有小孩，仍有不少男人會說「我沒什麼出人頭地的野心」，還說「現在這樣對我而言就已經夠了」。

以追求卓越為目標，能成為工作及生活動力的來源。如果沒有了這些動力，會是什麼樣的狀態？他們對「挑戰」的觀念，是不是和我不一樣？

我完全沒有要否定這些人的意思，甚至還很想學習這種新的價值觀。

不過，假使這根本不是新的價值觀，只是因為「大家都說這樣沒關係，所以一切就沒問題」而滿足於現狀的人，或許該注意一下。

「不只是我這樣，其實大家都一樣。」

「自己屬於多數派，所以沒問題。」

沒有比這樣想更危險的事了。

話雖如此，如今是個撻伐少數派的時代。現今積極展現野心的人是少數，在人群中更會顯得格格不入。

正因如此，如果我現在才三十歲，一定會選擇成為以追求成功為目標的少數派。既然是少數，競爭對手相對也較少，因而更容易抓住機會，也更容易有所作為。

世界上有成功者，也有一輩子一事無成的人，倘若兩者的差別只在於前者積極付諸行動，而後者僅是消極坐等成果的話，我認為積極行動的人都是希望盡可能「做出什麼來」的人。

這不就是一種健康的野心嗎？

我完全不討厭競爭。比起輸贏勝負，我認為超越別人或被人超越，彼此切磋砥礪的過程更能為生命帶來刺激。永遠都有人等著取代我的位置，當然我也想超越某人，取而代之地坐上某個位置。

＊

巔峰、野心、成功……或許有些人光聽這些詞彙就覺得討厭。不過，我現在想說的並不是「做大事」。

我只是認為，好奇自己能做到什麼程度，努力朝那個方向磨練自己，並盡可能追求成長，這些都是很重要的事。身為社會上的一個小齒輪，我希望自己能做出貢獻。如此而已。

因為，只要自己能做到一件事，就能藉由這件事幫助別人，也成為對這個社會有用的人。

和人建立關係，就是和社會有所連結。總覺得如此一來，將會獲得前所未有的幸福。直到現在，這依然是我的目標。

雖然這只是我自己的定義，但沒有比與人緊密聯繫更幸福的了。幸福就是成為一個被喜愛的人。

秉持與生俱來的能力去做「自己做得到的事」，為他人和社會貢獻一己之力，不就是一種自我表現嗎？

換句話說，自我表現不是毫無回報或無意義的事，有願意接受的人，也有因此受惠的人，自己更會感到愈來愈幸福，我覺得那就是實現夢想。

野心，是人的天性。在拿掉一切外在裝飾後，那就是自己的本質。對自己的本質感到興趣，重視自己的本質，應該不是件卑劣的事。

# 讓別人看到自己的「全力以赴」

讓別人看見你的「全力以赴」，有助於打破僵局。

不過，這並不是一件容易的事。要怎麼讓既沒見過面，也沒說過話的人看到自己的「全力以赴」呢？

步入三十歲不久後，我維生的方式是在日本販售從美國買回的舊書與古董。對沒有背景也沒有實體店面的我來說，這門生意並不好做。

想了很久，我想到的解決方法是——寫信。

這不是天外飛來一筆的想法，是因為想起了過去母親的做法，所以決定試著仿效。

*

家母從以前就勤於寫信，是個幾乎每天都在寫信的人。她一天要寫上好幾封信。現在回想起來，那些不只是寫給親戚朋友的信，更包括寫給客人的感謝信與邀請函。

原本只是專職主婦的家母，從我小學時開始經營麻將館。母親性格大膽不輸男人，又非常懂得應對進退。朋友看上她旺盛的挑戰精神，邀她「要不要一起做看看？」

就因為覺得好像很有趣，母親與朋友合夥經營麻將館，後來生意大為興隆，她又將整間店買下來。

開一間麻將館不需要太多設備，也不用供應多正式的餐點。正因所有麻將館的差異性不大，反而更考驗經營者的手腕。特別擅長與人溝通的母親之所以成功，原因或許就在這裡。我沒看過在店裡做生意時的她，只是既然連回家都在給客人寫信，肯定有一套細心周到的待客之道。

「從寫信開始，也以寫信結束。」

這是母親的口頭禪。此外，她還常說：「不能打電話，寫信更重要。」

即使如此，我還是從來不寫信。畢竟當時年紀輕，覺得寫信太麻煩。再說，她那些話我聽過就忘了。

*

這已經是二十年前的事了。沒有自己的店面，以上門挨家挨戶推銷方式開始賣書的我，遇到的第一道關卡就是「如何讓對方答應見面」。我理所當然地打了電話給許多公司和許多人，然而，怎麼也無法讓對方保證一定會願意與我見面。

不過這說起來也是意料中的事。那些我想拜訪的對象，是從電話簿裡查到聯絡電話，幾乎每個人都是大師級的人物。無論是打電話到設計師事務所或攝影師工作室，除非有很重要的事，否則大師們本人是不會親自接電話的。而助手們接到像我這種莫名其妙的人打來的推銷電話，自然也不會轉接給忙碌的大師，他們會客氣地以「非常抱歉，老師現在沒空」婉拒，畢竟這也是他們的工作。

就在無法順利拜訪客戶而感到一籌莫展之際，我忽然想起昔日母親的做法。於是我在製作商品說明資料後，會附上一封信，再一起寄給對方。

我每一封信都親手書寫，信上說明自己從事這種工作，往返日本與美國兩地，銷售自己挑選的書……等等。我想，只要算準信寄到的時間再打電話過去，就能成功和對方約定會面。

沒想到即使這麼做後，情況依舊。當我苦思究竟該怎麼辦時，想到的還是母親，她那時的信都是用毛筆寫的。

母親寫的信連信封上也是漂亮的毛筆字，給人一種很體面的感覺。相較之下，我寫的信一看就是「姑且寫封信看看」的敷衍，用的是在便利商店隨手買來的信紙和原子筆，把信投進郵筒時還想著「反正一定沒希望」。抱著這種心態做事怎麼可能順利！

後來，在把信投進郵筒前，我隨手拿起其中一封，以不知是誰寄給我的假想心態看信，結果連自己都覺得要是收到這種信，我一定連拆封都不想拆。即使同樣是親筆信，和母親看起來禮數周到又落落大方的信差得太遠了。我寫的那些寒磣的信，就算和廣告傳單一起被丟掉也是活該。

「要是能像母親那樣寫信，應該就不會被丟掉了吧。」我懷著這種想法，以拚了老命的心情買來毛筆，仿效母親的方法寫信。不只信封，就連信件內容也用毛筆寫。這麼一來，情況就像玩黑白棋時成功搶下兩個角落一樣，白棋不斷翻轉為黑棋，原本沒有人願意答應見面的局勢，逆轉成為百約百中。

如果收到用毛筆寫的信，感覺上總是比較特別。助手或公司其他人或許也被這樣的原因打動，而產生「必須讓大師親自看到」的想法吧。

我一樣算準對方收到信的時間打電話過去，這次得到的反應，和用原子筆寫信時完全不同。

「您好，我是前幾天寄信過去的松浦彌太郎。」這麼一說，接電話的人立刻回答：「喔，的確有收到這封信。」以毛筆寫的信既罕見又引人注目，容易讓人留下印象，電話立刻轉接給大師的次數也增加了。

我想拜訪的對象似乎也被如此禮數周到的信打動了。我全力以赴寫的信，讓人產生小小的感動，在心中瀰漫。

寫信這件事本身就是禮數周到的行動，再加上用毛筆嚴謹工整地書寫，更是禮上加禮。這是當時的我所能盡的「全力」，也是我希望能讓對方獲得的「感動」。全力以赴的行動，能為我們突破僵局。

*

直到現在，我仍非常重視親筆寫信這件事。

不只在重要場合或關鍵時刻，平常我也會寫信。我不一定都用毛筆，多半是刻意使用普通的信紙和原子筆；也會常寫明信片。不造成對方負擔的輕鬆隨興，有時也是一種符合社交的禮貌，還是要視場合而定。

因為，讓別人看見自己「全力以赴」的方法不只一種，而這些方式都沒有說明書可以參考。

# 推銷商品前，要先推銷自己

我一直想當個生意人。

我也每天都在思考，作為一個生意人，應該賣什麼。

做生意這件事，就是以公平的交易形式，賣出讓人覺得想買的或是有用的東西，更進一步說，只有當對方能從這場交易中獲得好處時，生意才能持續下去。

做生意最重要的就是要能長長久久。我滿腦子都在想，如果要讓生意持續下去，需要的會是什麼，而這件事也讓我至今仍不斷盡力學習。

*

我以前常雙手提著又大又沉重的帆布托特包，走遍大街小巷。當時手指幾乎要被帆布包扯斷的感覺，至今仍記憶猶新。

用舊了的托特包裡，裝滿二手書及舊的時尚雜誌。提著這個包包，我造訪過各式時尚品牌的設計師、負責雜誌與廣告平面設計的設計師，還有許多攝影師。

將近二十年前，五〇年代的西方雜誌過刊號被視為所有創意來源的寶庫，但要買到它們卻很不容易。除了這些雜誌，我還自詡能找到沒有人看過的稀有藝術書籍。

從大家正眼都不瞧一下的書堆裡，我有本事拂去書上的灰塵，撫平摺痕，找出被埋沒的好東西，以自己的方式激發商品所隱藏的魅力，如此一來，廢紙也能重獲新生，成為寶物。

如果能靠自己的力量發現眾人未曾察覺的價值，這份價值又能受到他人的認同、獲得共鳴時，就能感受到無可取代的喜悅。

反過來說，拚命推銷自己覺得很好的東西，卻怎樣也無法說服對方購買時，心情就會難受得不得了。不單是因為東西賣不掉，還有感覺自己的價值觀也一併遭到否定，這會讓人沮喪不已。

東西完全賣不出去的日子持續了好長一段時間，那時，我經常和一位我尊敬的經營者見面，我忍不住抱怨：「真不明白為什麼賣不出去，明明我選的真的都是非常出色的書。」

他對我說：「你想賣的東西或許真的非常厲害，也或許真的非常出色，不過，在推銷東西之前，不先推銷自己是不行的。」

這句話宛如當頭棒喝，令我大吃一驚，深感震撼。

三十出頭的我，因為這句話而決定了自己日後要努力的方向。

「推銷東西前，要先推銷自己。」

被那位經營者這麼一說，我立刻改變原本做生意的方式。雖然還是一樣雙手提著沉重的帆布包，但我不再急於對顧客出示那些書籍雜誌。在此之前，當我走進設計師的辦公室，就會立刻在桌上攤開那些書，表現出來的樣子就是：「看哪，這些全都是精挑細選過的罕見書籍，怎麼樣？很厲害吧！」

＊

我改掉了這種做法，取而代之的是先誠心誠意地和對方打招呼，盡可能注意禮節，以讓對方感到愉快為前提。接著，我會談談關於自己的事。談自己是怎樣去了美國，在那裡做了哪些事，感動我的是什麼，我又一頭栽進了哪些事物，對哪些事情很熱衷，現在我想要傳達的又是什麼。

總之，我充滿熱情，同時選擇對方喜歡的話題。這麼一來，對方也會聽得很開心。

「你說的話真有意思。」因為對方一直表現得很有興趣，我也跟著覺得高興，愈講愈多。結果，時間一轉眼就過了。

「不好意思，在您百忙之中前來打擾，跟您約定的一小時已經到了，今天請容我先告辭。」

面對連書都沒拿出來就要離開的我，對方會要我暫且留步。

「你今天不是來推銷書的嗎？」

「是沒錯，不過今天聊了這麼多，我已經很滿足了。今天真的很開心，我下次再來。」

聽我這麼回答，對方又說：「這樣不好意思啦，你把書拿出來讓我看看，跟我說一下吧？」

我當然很樂意，積極解說之後，他似乎受到感動，便買了書。

剛開始跟我買書的是平面設計師，接著是時尚設計師，後來還有攝影師。就這樣，向我買書的人愈來愈多。

我深深體會到，之前果然搞錯做事的順序了。

帶著變輕的托特包走在回家的路上，感覺自己學會「讓人想買下什麼」的原則。

在推銷東西前，首先得推銷自己，讓對方喜歡自己，認同自己。只要能讓顧客了解我，對我產生興趣和好感，不僅限於書，我相信什麼都能賣出去。

過了一陣子，向我買過書的人說「我認識的人可能會喜歡你的書」，為我介紹了其他的顧客，讓我的生意步上良性循環的軌道。

大家開始像這樣對別人介紹我：「有個常往返於美國與日本、叫作松浦彌太郎的有趣書商，你要不要認識一下？」經過口耳相傳，我這個人自然而然地更廣為人知。

＊

「推銷東西前要先推銷自己」是業務員的必殺技，也是經常聽到的一句話。然而，這句話指的並不是膚淺的推銷術，也不是要我們一味討好別人。

首先，誠心打招呼是第一個「點」；其次，一段引起對方興趣的自我介紹則是另一個「點」，再接著，讓對方聽得開心的話題又是另一個「點」。

把這些點串連起來的是「禮節」，也是自己要盡最大程度的努力，換句話說，就是要「全力以赴」。

每一個「點」都是小事，誰都做得到，並不需要特別的技巧。

然而，增加點的數量，用有禮的態度將所有的點串連起來，就能讓對方理解自己是什麼樣的人。因此，最重要的是要正直誠實。當「點」

串連成「線」，就能得到對方的信任。我認為，這一連串的經營，正是在向對方展現真正的自己。

展現自我，不只能體現在做生意上。我想，這也是與人建立關係時的基本態度。

做生意的第一步就是從這裡展開。換個角度來說，做生意就是要建立信用。

# 預約下次的會面

在請託別人幫忙的事情完成之後，我們總是很容易就忘記對方曾幫過你的這件事。

因為心中充滿事情已經順利完成的喜悅，整個人沉浸在興奮及成就感中，讓我們覺得飄飄欲仙。所以，常常不小心就忘了該道謝的事。

當然，有時是好不容易見到期待已久的人，興奮之情溢於言表，已經充分表現出「非常感謝您」的神情。

不過，這種情況極為稀少。通常我們都得將「見到你真開心」這句話說出口，對方才感受得到你的真心誠意。甚至隔天還必須再親自寫封信表達感激，才足以傳達內心真摯的謝意。

過了一段時間，再寫封信告知：「上次見面時您告訴我的那件事大大派上了用場，真的非常感謝。」做到這個地步，才可說是完整表達內心的謝意。

在事後告知對方結果，也是另一種致謝的方式。

*

想表示感謝之意時，雖然也可以用送禮的方式表達，不過，我認為告知後續的結果也很重要。

例如，當A介紹我認識B，在和B見過面後，我一定會告知A：「透過您的引薦，我已與B先生見面，談了哪些話題，非常感謝您。」像這樣表達謝意。

遇到困難時，如果藉由他人的協助而解決了問題，事後卻悶不吭聲，那實在不是一件好事。在盡力解決問題，困難也告一段落時，別忘了要告訴對方：「承蒙您的幫忙，上次的計畫現在差不多已進行了一半，非常謝謝您的幫忙。」

有能力利用自己的人脈或提供建議協助他人的人，自己一定也很優秀，不但思慮周全，記憶力也比較好。無論有多忙碌，這樣的人心中一定還是會記掛著：「當時那件事，現在不知進行得如何了？」尤其是引薦或介紹這種事，說來也像擔任保證人，有一定程度的責任，難免會放在心上。

詳細說明事情進展的程度，就是將「點」串連為「線」，建立起人際關係，這是在培養人脈時不可或缺的做法。

可以直接和對方碰面時告知，也可以用寫信的方式知會。

「根據上次您提供的那個好點子，事情已經進行到××程度了。」

「日前和您談話時，我從中得到靈感，寫成了這麼一本書，有了這樣的成果。」

向對方報告他們送給自己的種子開出了什麼樣的花朵，不但自己會很高興，對方也會感到欣慰，這也可說就是人際關係的基礎。

在人生的道路上，每個人都會獲得許多人的幫助與支持。當我認識的人愈來愈多後，也有初次見面的人對我說：「喔，我聽某某提過你的事。」初出茅廬時，承蒙活躍於各領域的人向別人推薦「有個叫松浦彌太郎的人很有趣，你不妨跟他見見面。」我才得以逐漸打開知名度，感覺就像是身邊的人自然而然為我宣傳一般。

與遇到的人事物之間所產生的連結，以看不到的形式幫助了我。唯一可以肯定的是，如果只靠一己之力，能完成的事一定非常有限。

*

在多次邀約後終於能與對方碰面而得以登門推銷書籍的那段時期，

我遇到了對我照顧有加的人。那是一位極負盛名的平面設計師，除了跟我買了許多書以表支持之外，還為我介紹了許多潛在顧客。從他那裡我學到了許多事，包括將「點」串連為「線」，進而形成「面」的事，也是他教我的。

另外一件難忘的事，是初次見面那天，在我離開前，他對我說：

「那下次要約什麼時候見面呢？」

這不是要我再帶不同的書過來，而純粹只是表達「還想再碰面」的意思。然而，他是一位大忙人，如果只是說「下次見」也不知道什麼時候真的能再見面。因此，他才會具體地問道：「下次要約什麼時候？」在與人道別之際，我從來沒聽過比這一句更美好的話語。

我當然也很想再跟他見面，但是以我的立場，如果主動問「下次要約什麼時候」就太厚臉皮了。我也有自知之明，說不出這麼自我中心的話。

所以，聽到他主動邀約「下一次」的時間，真是令我太開心了，也確實感受到自己被需要，因而產生自信。

在多見幾次面之後，就能與對方建立起人際關係。那位平面設計師設身處地為人著想的體貼，讓我上了極其寶貴的一課。其實戀愛關係也是如此，在道別時，若對方主動提出下次見面的邀約，那種開心真是筆墨難以形容。

成為更成熟的大人之後，有時我也會主動對初次見面的人說：「那下次要約什麼時候碰面？」

當然，我也不是對每個見面的人都這麼說。

如果遇到「還想再見的人」或「想要再多了解一些的人」，就算對方年紀比我小或大許多，無論是同性還是異性，也不分公私原因，只要約定好下一次見面的時間與地點，就真的會再見面。

工作有時充滿著各種約定與承諾，學會這個方法肯定不會有壞處。至少對我來說只有好處。下一次的約定不用馬上履行，可以是一個月，也可以是半年後，甚至一年後都沒關係。

光是實現這個約定，就等於彼此共享了一次成功經驗。因為兩人一起達成了「某日在某處相見」的共同目標，完全是值得誇耀的成功。和對方一起累積這種小小的成功經驗，也是建立人際關係的一種方式。

比起只說「下次再一起吃飯」的場面話，這麼做更能建立起深厚的關係。

約定好之後並實現再次見面的承諾時，記得也要告知對方在上次見面後的後續情況，並表達謝意。

「上次您建議我看的那本書，我很快就讀了，而且從中學到很多。」

「上次您介紹的那位某某先生，我們已經見過面了。」

這麼一來，或許又能激盪出新的靈感，在下次約好見面的那天來臨前，出現令人期待分享的新話題。或者，有時也能再次被介紹新的人脈。人際關係就像這樣循環下去，不但能增加約定見面的次數，更能在一次次的見面中建立起信任關係。這也是成功哲學的基礎。

人與人之間的約定，會播下成功的種子。

# 成熟大人該有的態度

三十出頭時，我認識了許多出色的大人。他們帶給我莫大的影響，如今依然是我待人處事的指南。當時，只要認識了令我崇拜的成功人士，我就會模仿、學習他們。「該怎麼做才能成為那樣的人呢？」我鉅細靡遺地觀察著他們。於是，我在他們身上發現了這些人都擅於社交的共同點。此外，他們也都經常保持笑容，禮數周到，舉手投足也很迷人。

面帶笑容打招呼與有禮貌的態度就是一種介紹自己，也是讓別人認識自己的最佳方法。

笑著說句「早安」，是足以取代履歷表的寒暄方式。根據我長年的觀察，能做到和做不到的人之間的差異有天壤之別。

禮貌所體現的是一個人過往的生活方式，如何累積成現在的自己。成熟的大人不論對誰都能確實做到面帶微笑與謙沖有禮。我想，微笑打招呼和謙虛有禮的態度，正是身為一個大人不可忽略的分寸。

*

前幾天，朋友帶我去一間很有名的日本料理店。

那是一間有口皆碑、一位難求的餐廳。我雖是第一次去，但店裡幾乎都是常客。每個人看來都像社會上頗有身分地位的人士，也都像是美食老饕。他們穿著打扮充滿著時尚的品味，看起來也非常輕鬆自在。

可是，我卻不由得感到些許遺憾。或許只是碰巧，但當天店裡的客人態度很差。

一副「這家店我常來」的模樣，擺出自以為是的倨傲架子，把餐廳當成自己家一樣，講話大聲嚷嚷，遣詞用字粗魯輕佻，連不想被人知道的八卦都被我聽見了。

或許因為店內空間狹小，所以無法避免噪音，但是他們連點餐的聲音都顯得跋扈張揚。儘管店家表現得十分專業，讓客人有賓至如歸的感覺，但他們內心肯定很不愉快吧。我一邊看著那些人，一邊多事地這樣擔心著。

自己年輕時嚮往的大人絕對不是這種態度。看到和自己年齡相仿的人這麼不知分寸，實在覺得很丟臉。

當時我心裡忐忑不安地想著：「我自己也會這樣嗎？」像這樣地反省檢視自己的作為是否低調不張揚，是否謹言慎行，是否經常留意所處的場合，避免破壞氣氛。最重要的是，還有是否面帶笑容與人打招呼，以及能否以周到的禮數表達謝意。

隨興自在不代表目中無人。就算付了昂貴的餐費，但餐廳終究不是自家，而是有其他人共處一室的公共場所。在這樣的地方該怎麼做才是舉止合宜呢？

有時，輕鬆自在與水準低落只是一線之隔。

餐廳的料理很美味，和朋友共度的時光也很開心。可是，那天回家的路上，我不禁想起昔日崇拜的大人教我的事，思考起身為一個成熟的大人該有的態度與舉止。

＊

三十歲出頭時認識的那些出色的大人們，經常帶著還不懂得品嚐美食的我去他們常光顧的餐廳。因為是上賓貴客，老闆也會殷勤招待。然而，明明是常去的餐廳，他們卻都挑位在角落、不是很好的位子坐。

「因為我常來，坐離廁所近的位子就行了啦。」

他們坐在不引人注目的角落，安安靜靜地用餐。即使身處熟悉的店，舉手投足依然謹守禮數，態度謙虛不張揚。那是真正的融入環境，正可說是「低調的智慧」。即使不高調張揚，依然自然散發魅力。這種人再怎麼樣也不會喊著「喂，給我做一份菜單上沒有的那個」來為難店家。

我再次體認到，謙虛與禮讓就是他們最了不起的美德。比方說，某位盛名遠播的攝影師向我購買攝影集時，曾經說了這麼一句話：「我能買到這本書，會不會太抬舉我啦。」

我大吃一驚。如果以他的地位還不夠資格買下這本書的話，那還有誰夠格呢？在驚訝過後，我更多的是感動。這世上竟有如此謙遜低調的人！

這種成熟的大人不是眼裡只有自己，完全一副自我感覺良好的模樣。他們總是虛懷若谷，擁有懂得尊重別人的溫柔體貼。

這些前輩們即使在人們看不到的地方也不斷付出，所以，身邊的人永遠都願意協助他們，想和他們一起做些什麼，也想守護他們。或許就是因為如此，他們自然會成功。

舉例來說，無論我在跟下屬說話或與人講電話，又或在餐廳吃飯時與人交談的遣詞用字及態度，只要一想起那些出色的大人表現的謙虛與禮貌，我總會不忘提醒自己自省，並向他們看齊。

對了、對了，出色的大人連坐在椅子上的姿勢都很端正。只要看一個人的坐姿，就能立刻得知對方是什麼樣的人。

# 所有的工作，都是為「救人」而存在

「成功的人之所以能成功的原因是什麼？」

這是我無論如何都想知道答案的問題。

有位在我剛步入三十歲時認識的經營者，至今仍是我的恩人，我乾脆找他開門見山地提出疑問：「到底要怎麼做才會成功呢？」

他沒有直接回答，而是給了我提示：「仔細看看現在成功的人、市面上暢銷的東西、流行的東西，或其他任何受到好評的事物，找出其中的共通點。只要發現這個，你就會懂了。」

在那之前，我對於厲害的東西也只知讚嘆，從未深思「為什麼？」

也不曾想過其中的共通點。

為什麼大家都愛讀村上春樹？為什麼智慧型手機和遊戲應用程式受到歡迎？某間公司或某間店、某個人為什麼受到矚目，他們成功的原因是什麼？以「這些人事物都有的共通點」為前提來尋找答案的做法，對我而言很是新鮮。一開始我以為答案會是類似行銷的概念，這時才知道，原來還有透過仔細觀察世間現象找尋答案的方法。

＊

光是知道方法，仍無法解決問題。我左思右想，仍不得其解。這個答案也不對，那個答案也不是，每次苦思不得其解時，我就會再去找那位經營者。

「我想了很多，還是不知道答案，請告訴我吧。」

每次他都會把我訓一頓，再把我趕走。

「只想輕易從別人口中問出答案是不行的。繼續想！」

這句話對我來說也很有分量。我深深反省只想偷懶的自己，重新開始思考。如果還是想不出來，就去看書找線索。覺得哪裡有可能找到答案，我就去試著體驗。

不偷懶也不放棄，持續思考。這也是他教會我的事。

過了一年左右，我好不容易想出答案。

「成功的人都是救了別人的人。暢銷的東西都是救了人的東西。它們都是對救人或對人有所幫助。換句話說，只要能解決人們的問題和不便，就會受到支持，就會暢銷。」

一聽到這個答案，經營者便拍著桌子高興地說道：「沒錯，正是如此！」

所有成功的人事物都「救了人」。

「救人」和「幫助人」聽起來很類似，但「救人」又更深奧一點。

舉例來說，便利商店救了「肚子餓的人」，也救了「下班後不想直接回家，但也不想去酒吧喝酒」的人。仔細想想，「幫助人」偏向物理層面，「救人」則更偏向心理層面。

對「心」發揮作用的是「救人」。

比方說，我們無法利用有限的文字或語言說出這個世界的美麗與溫柔，但是村上春樹的小說卻能將那種感覺萃取出來，以說故事的方式呈現，為那些需要勇氣繼續生存下去的人們帶來心靈的救贖。智慧型手機或許將人從空虛與寂寞的感覺中拯救出來，也或許帶給人們「總是和誰在一起」的安心感。手機的方便性可能也拯救了不少人。

*

工作就是找尋「能救人的東西」。這個大發現至今依然是我工作時的理念。我相信，所有工作都是為了救人而存在。

寫文章時，我會思考「這些話能夠救人嗎？」準備新的企劃簡報內容時，我也會思考「這個點子能發揮救人的效果嗎？」正因如此，我從未忘記在文章和企劃另一端的讀者。

我也常思考自己的行動最終是否能拯救或幫助任何人。就連對我自己，我也不斷找尋「有什麼是能救我自己的東西」。

# 推倒積木之後

人生之中有各式各樣的體驗，包括思考、煩惱、痛苦與開心，於是，我們也會一次又一次遇見新的人事物，擁有新發現，而每一次發現都顛覆了原本的思考方式。

原本一直強調的事，有一天也會忽然三百六十度轉變。「喂喂，未免變得太多了吧。」像這樣，連自己都嚇一跳。

舉個簡單的例子。我原本喜歡東西愈少愈好的極簡生活，最近卻開始變得喜歡享受各種不同的東西，想沉浸在多樣化的文化中，過豐富絢爛的生活。

即使如此，我仍不認為自己「怎麼這麼膚淺」。只要根深柢固的信念沒有動搖，一生中本來就會經歷枝枒抽長的時期、樹葉繁茂的時期和綻放花朵的時期，這是很自然的事。

我不但對自己能產生新的想法與觀念覺得很興奮，也不認為世上有什麼是絕對不變的。我想說的是這樣的自由。

我認為這是保持初心的祕訣。所以，每當發現自己仍持續改變時，我都會有點開心。

*

我的恩人是一位經營者。二十幾歲時，我在青山的酒吧碰到他。那間店裡有不少時尚界人士與注重自我經營的人，雖然我不會喝酒，去了酒吧也只能喝不含酒精的飲料，但在好奇心的驅使下還是經常上門光顧。因為是站著喝的酒吧，氣氛很輕鬆，可以隨興地與其他客人聊天。

站著聊了一陣子，那位經營者問我下次要不要去他公司看看。當時我正好閒得發慌，便興高采烈地應邀赴約。

舉凡打招呼的方式、應對進退，以及在社交場合的禮貌、人際互動，這些基礎知識幾乎都是那位經營者教我的。他大我二十歲左右，看起來完全是個成熟的大人。

我很崇拜他，以他為效法的對象，經常去拜訪他，只要是他說的話，我都言聽計從，甚至覺得跟著這個人工作一輩子也沒關係。我就是這麼崇拜他。

他毫不藏私地把自己所知的一切傳授給我，或許是希望有朝一日能將我培養成他的得力助手吧。

很快地，我開始協助他公司的工作，因為也想報恩，所以我拚命努力。

然而，過了一段時間，我卻辜負恩人的信任，迫不及待離開那間公司，重回單打獨鬥的生活，選擇踏上自由工作者的路。

我和經營者並沒有起爭執，工作上也沒有捅出漏子。

離開公司最大的原因，是我深藏心中的強烈獨立欲望。不只對他，無論我在誰身邊工作，只要過一陣子，某一天我就會突然開始覺得坐立不安，想要馬上離開。與其在尊敬的人身邊當得力助手，我只想當松浦彌太郎。

其次，是因為我非常具有好奇心。一旦吸收了對方的長處，自己成長到某種程度後，就會產生「想超越對方」的欲望，同時開始抱持「如何才能超越對方」的疑問。這麼一思考，又會繼續冒出種種疑惑，想到什麼問題就不假思索地丟出來。

剛開始對方也會回答我的問題，但過不久他對於我提出的問題也開始無法招架，不知該怎麼回答。即使是再厲害的人，面對棘手的難題時，難免也會為之語塞吧。世上有各式各樣的人，每個人想法都不同，而且有些問題也沒有正確答案，這麼一來，答案其實就是：「不要問別人，自己試試看就好。」問題是，我總是任性地想追問出答案，否則就無法善罷干休。

從前年輕的時候，我有強烈的正義感，無法原諒矛盾與模稜兩可的事。這或許是離開公司的第三個原因。年輕時的我，是個不知「原諒」為何物的人。

到了快五十歲的現在，無論對人或對事，我已經明白「原諒」與「接受」的重要，也明白如果要經營一間公司，就得接受矛盾與模稜兩可的事實。二十年前的我無法想像的事，現在已經很能理解了。

對我有恩的那位經營者，一定是位深知原諒為何物的人。明明只是彼此意見不同，我卻胡思亂想，擅自解讀，任性地離開公司，但他卻從未責怪過我。

*

我喜歡改變。每當冒出「想推翻現在的自己」的想法時，我都認為那代表自己還有成長空間。雖說幾乎無法預測冒出的想法將朝哪個方向發展，但是，只要感覺到有什麼可能妨礙自己成長，我就會強烈反彈。這點從以前到現在從未改變過。

有些人可能會認為不要成長會比較輕鬆，只要堅持並滿足於在過往人生中學習、奮鬥、拚命累積的東西就好，或許這才是大人的做法。那樣的做法就像是在說：「我秉持著這樣的價值觀，用這樣的方式生活。我就是這樣的人。」

然而我一點也不想這樣做，我總是想推翻現在的自己，想成為一個全新的人。

當堆高的積木紛紛被推倒後，再用完全不同的方式堆起來，我相信人生就要這樣才有趣。為此，即使會讓曾照顧過自己的人感到傷心，即使自己將會比現在更難受，我還是希望能鼓起勇氣，將原本堆得好好的東西推倒。

*

推倒積木的責任只能由自己承受。這需要勇氣。我也曾因不得已的苦衷給別人添過麻煩，讓別人難過。這種時候，最重要的是坦誠地道歉，說聲「對不起」。連這件事都做不到的人，最好別輕易推倒積木。

幸好，有恩於我的那位經營者和我之間的關係並未因此而破壞，我們至今仍保持往來。即使我後來不斷認識許多良師益友，但他仍是第一位幫助我的人，我希望自己對他的感謝能永誌不忘。中國有句俗諺說「喝水不忘鑿井人」，不只是那位經營者，對曾經關照我的人，我也經常寫信表達感謝，也會約他們聚餐，報告自己的近況。儘管對方會體貼地說「你一定也很忙，不用這麼客氣」，但他們看起來還是很開心。

就算堆起的積木形狀改變了，我心中的感謝也不會消失。如果沒有這個人，就不會有現在的我。我年輕時的感受比現在更敏銳，當年從這個人身上感受到「真了不起」而深受感動的事，至今依然引導我朝正確的方向前進。無論如何物換星移，那份感動造就了我永遠不變的部分。

人生中能有一段時期和這樣的人一起度過，是我毋庸置疑的幸運。

# 生活即工作

時間可以用在不同的地方，像是使用身體的時間，使用頭腦的時間，或是使用心的時間。

一天只有二十四小時，我現在已經可以確定自己幾乎是將這二十四小時全都用在工作上了。

現在我無論做什麼，心中都會惦記著工作。這一定是因為現在的我打從心底熱愛工作，也知道自己透過日常工作逐漸成長轉變了。

我曾有過思考「如何在工作與生活中取得平衡」的時期。不過，現在我不認為工作是為了生活，反而認為生活是為了工作。這麼一來，也不再在意兩者之間是否平衡的問題。

那大概是因為對我而言，「工作的意義」在不知不覺中改變了。

*

開始認為「生活即工作」，其實是最近的事。

過去的我，相信「必須先打好日常生活的基礎再談工作」。以前的理想狀態也是認為「生活大於工作」，也十分推許這樣的想法。

然而曾幾何時，我發現要落實這個理想是很困難的。

身為社會的一份子，生活中沒有一刻能脫離工作。事實上，我自己一個星期就工作了八十小時。一旦誠實面對自己，就得承認現實的確就是「工作占了人生絕大部分」。

要年輕時的我認清這個事實，大概會掙扎抵抗吧。當時或許被「生活是善、工作是惡」或「生活是明、工作是暗」的偏見束縛了。

後來我終於認同「日常生活中的一切都與工作息息相關」，接受這點之後，心情變得非常輕鬆。

在那之前，我一直勉強區分生活與工作。一心只想取得兩者之間的平衡，卻忽略了本質。事實上，工作和生活本來就無法區隔。

我當然認同工作中充滿壓力，而生活雖然不是完全沒有壓力，但相較之下，工作時艱辛與嚴苛的狀況還是多太多了。聽到我說「日常的一切都是工作」，或許有人會認為，這樣的人生未免太痛苦、太不幸了吧。

可是，壓力本來就是必須學習面對的課題，也是成長所需的跳板。再說，幸福本來就不只有在安居樂業時才能感受到，超越苦難時，身心也會感受到深刻而強烈的幸福。

就這樣，我內心的想法經歷了一百八十度的轉變。

我下定決心，每天都要開心工作，讓自己成長。

說來其實很簡單，就是只要盡情享受工作就好。

*

在做出「生活即工作」的宣言之後，我對工作這件事的看法也跟著改變了。

在那之前的我，堅持以個人展現出工作成果。

不管身為自由工作者還是在公司上班，我都希望自己能獨立完成所有的事，不願依賴公司及周遭人的幫助。

「以個人的工作成果換取公司薪酬，做不出成果的人被解雇也是理所當然的事。」我一直抱持這種宛如每年重新簽約的運動員心態工作著，更篤定別人也「應該這麼做」。我甚至確信，如果想到日本以外的全世界各地做國際化的工作，這種態度絕對正確。

說得更白一點，就是我非常厭惡「眾人一起達成目標，利益也由眾人共享」的做法。

十幾歲就開始一個人工作的我，身旁沒有值得依靠的「眾人」。對我來說，只要靠自己的力量為社會或他人做出什麼，就能獲得報酬，做不出來就什麼都沒有。

因為自己的工作能清楚且嚴苛地以數字呈現成果，我始終認為無法判斷到底誰努力做了什麼，誰又扯了別人後腿的「眾人成果」是件很狡獪的事。比起團隊思考，我認為最好每個人都是「投手兼第四棒」。

說起來，我抱持的就是「個人實力至上主義」。

儘管我早就隱約察覺這個想法並非真理，也經常聽到別人說：「對工作而言，最重要的不是個人能力。」說不定我早就明白這一點，只是不願贊同，堅決否認罷了。

直到我想通「生活即工作」的觀念，這個頑強的念頭才終於消失。我已能完全認同，有些事的確比個人能力更重要。

生活即工作，而工作上最重要的就是人際關係。

這個發現對我而言，不只是如蛻皮般的改變。正確來說，是有如幼蟲脫離蛹殼，蛻變成與原本外貌完全不同的蝴蝶般脫胎換骨的轉變。

不只是公司，只要是在有人群聚的團體中，就會存在無法以數字計算或衡量的價值，那就是人際關係的力量。

過去我很討厭八面玲瓏的人，但我現在了解，他們能和大家都相處得很好，扮演著人與人之間溝通橋樑的角色。

以前我也瞧不起馬屁精，然而如今我已知道，他們其實懂得體貼每個人的心，能毫不保留地表達對別人的敬意。

換句話說，我發現了足以與第四棒打者匹敵的嶄新價值。只要團體中的每個人扮演好自己的角色，就能達到光靠第四棒一個人所無法達到的成績。

說來或許太理所當然，但現在我終於明白「光靠一個人什麼都無法達成，光靠一個人也無法存活。」

＊

我很喜歡和計程車司機聊天。因為他們載過各式各樣的人，聊起天來的話題豐富。很多人是轉行來開車的，所以也能從他們口中聽到各種與上一份工作相關的經驗。比方說，前幾天搭的計程車司機就告訴我，他原本在百貨公司的「外販部」工作了四十年。

據他表示，百貨公司的外販部其實就是個「萬事通」部門。有時得幫有錢的個人客戶跑腿，有時則是配合大公司客戶或政府機關的需要準備商品。

沒有固定的型錄，「為顧客專門提供需要的商品」就是百貨公司外販部的工作。

那個人當時負責的客戶是政府機關，有一次接到的訂單內容是「做戶口普查時所需的原子筆」，數量以億為單位。

一般文具店買不到這麼大量的商品，甚至只找一家文具廠商供應也不夠。

「筆蓋向A公司調貨，筆管向B公司調貨」，用這樣的方法請主要往來廠商供貨，勉強才在期限前調齊足夠的數量。

這數量實在太驚人，光聽他這麼說，我還是難以想像。我驚訝地問那位司機：「做這份工作最重要的是什麼？」他的答案是——人際關係。

「如果沒有人際關係，就什麼都辦不成了。」

個人能力雖然是工作時絕對不可或缺的要件，卻不是最重要的一件事。

在「不管再怎麼調貨，但仍缺三千萬個筆蓋」的情況下，最後就得靠拜託C公司及時接下訂單的人脈。這就是人際關係的力量。

當D公司的人說「無法在這麼短時間內把所有的筆組裝完成」時，還得請擅長拜託別人幫忙的同事，才說服D公司。

「聽起來似乎很現實，好像看不到夢想和希望似的，但是，工作時最重要的就是要經營好人際關係，盡量減少公司內外工作夥伴的負擔，做個對誰都有幫助的人。這是通往成功最快的捷徑。」

我認同地點點頭，心想，這個道理一定不只限於百貨公司的外販部。

愈是優秀出色、愈是擁有特殊才能，或愈是厲害的人，就愈會自我要求。比普通人更努力不懈的結果，不是把身體搞垮，就是精神上再也撐不住。

光是追求個人的能力，是無法將工作持續做好的。

與其靠個人的能力做個半途而廢的短暫英雄，不如用個人能力加上高明的人際關係，和眾人一起邁向終點，這種工作方式不是更美好嗎？至於經營管理者扮演的角色，就是讓眾人能一起愉快地工作，這才是最重要的事。

如果生活就是工作，人生也就是工作。那麼，工作就是人際關係。坐在計程車上，我不斷思考，活在工作裡是什麼樣的事。

或許我得花上一輩子思考這個問題，而答案也會不斷改變吧。

# 用熱情提高工作的精準度

我希望自己能提高每一件工作的精準度。

在即將邁入五十歲的現在，更是這麼認為。

或許是因為正面臨著以自己的方式重新定義工作哲學的時期吧，最近，我滿腦子都在思考與日常工作有關的事，已經持續了好一陣子。

和過去一樣，我依然講究工作的時間與效率、質與量、過程、結果，以及要如何改善，只是腦中有個疑問一直縈繞不去：「結果就代表一切嗎？」同時，我也疑惑：「只要自己覺得高興，就算結果不好是不是也無所謂？」身為一個和社會密不可分的工作人，光是自high也不是辦法吧？

想著想著，我突然靈光一閃。我決定「今後要以完成高準確度的工作為目標」。

我們很常聽見「追求工作品質」這種說法。精準度和品質這兩者乍看之下很類似，但其實並不一樣。我認為，精準度比品質更進一步，衡量的是實際工作成效。

精準度也比品質更具體且更精密，需要借助更精細的設計圖。

打個比方，就像原本製作的是以公分為長度單位的東西，現在要改成以公釐計算。於是，由此產生了新的訣竅和挑戰，工作效率也迅速提升，以這種方式完成的工作可能衍生出幾個不同的方向，又或者成為看不到的龐大資產，增加了可行性。以高準確度完成的工作又像一顆種子，日後將逐漸成長。簡單來說，精準度高的工作很像發明。不，應該說它非得是發明不可。

那麼，該怎麼做才能完成精準度高的工作呢？

我找到的答案是，在工作上要發揮更多堅持與熱情。

*

我經常思考關於「品味」的事，甚至還曾以此為主題寫書，最近我的新發現是——名為「熱情」的品味。

「好的品味」這句話可用在各種場合，大多數的時候，品味也被視為具有審美觀或擁有絕佳的感受力。

然而，能將「充分發揮熱情」這件事具體呈現出來，又何嘗不是品味的一種。

想提高工作的精準度，就要發揮名為熱情的品味。這是我現在的目標，我正在挑戰發揮無人能及的強烈熱情。

知識、教養與技能的養成很重要。提高美感，淬鍊感受力，透過思考來感覺也很重要。不過，如果能在工作、人際關係或生活中對某件事充分發揮熱情，我認為那真的是非常棒的一件事。

充分發揮熱情，指的是比「細心謹慎」更深入一步。花費時間精力細心做任何事的同時，也要發動「心」的力量，投入更多的「愛」。

比方說，製造一個杯子，除了投入對物品的愛之外，更要以簡單易懂的方式具體展現出對使用者的愛。

比方說，做菜的時候，我希望這道菜能展現出我「對食物的喜愛」以及「對食用者的關愛」。

又比方在寫書時，除了寫出對人類的愛之外，我也希望這是一本能以「對讀者的愛」溫暖人心的書。

細心謹慎地在工作上發揮熱情，可說是我現在的目標。投入情感才能完成精準度高的工作。如此完成的工作，能讓人產生感動與共鳴，達到與他人之間的溝通，並使自己更進一步成長、轉變，為社會做出貢獻。

換句話說，這是個不只要用心，更要讓心發揮功能的新挑戰。

# 不以大顯身手為目標

有某個商品廠商要找我拍廣告。

雖然台詞只有一句「松浦彌太郎選擇的××」，但這也絕對不是可輕率面對的工作。

最後，我還是婉拒了。一方面，我知道那份工作不屬於自己的「最佳擊球點」；再者，我不認為透過廣告這麼大的媒體傳播訊息，是現在自己工作領域內該做的事。

我「做得到的事」，是把自己受到感動的、發現的，及思考過的事寫成文章，或是將這些事透過編輯之後傳達給人們。

或許有人會說：「何必拒絕那麼好的工作」。如果我還是三十幾歲，可能也會想去挑戰這份工作。

若想打開知名度，「別人提供的所有工作都值得感恩，最好照單全收」這樣的想法固然很重要，但從某個時期開始，我的想法就改變了。

*

已經四十幾歲的我，至少分辨得出那份工作是否在自己的最佳擊球點上，也知道對於某些事，就算全力揮棒也沒有用。

這就是為什麼我婉拒了拍廣告的工作。無謂地揮棒擊球，搞不好還會造成對方的困擾。

「我能做的，是思考自己利用這個主題如何能做出貢獻的方法，我也可以寫成文章。如果是這類型的工作，我很樂意接受。」

鄭重致謝並如此回應後，對方也表示能夠理解，最後只請我寫宣傳用的散文。這件事讓我清楚感受到，自己已經從「不管別人給什麼樣的工作都來者不拒」的立場畢業了。

只要能力所及，我會將「單純的委託內容」轉換為「自己能做的事」，以自己擅長的方式接受那份工作。對今後的我而言，重要的是去做出這種建議與提案，這也是我目前的工作方式。

無論多微小的事，只要是由自己提出建議，就像是「主動發聲」，會隨之產生責任感。比起只是單純接受委託任務，這樣做起事情來會更拚命，投注更多情感，工作的精準度也跟著提升。或許會花比較多時間，但也會呈現更好的成果。

接受別人委託的工作，有時也是件可怕的事，因為那可能連帶產生自己被當成商品被消費的風險。此外，工作一定會牽扯到人際關係，其中有各種利弊，有時自己也可能只是被利用的棋子而已，但無論如何，也必須對每件事都抱持如履薄冰的謹慎心態處理，否則很有可能跌跤。

在漫長的人生中，進入某個時期之後，如果還是一味拚命對別人的委託與要求抱持使命必達的心態，持續做著自己不擅長的工作，會是件很危險的事。那是種對自己的消磨，只會讓自己累積壓力。

如果身在組織或團隊中，當然也有身不由己的時候，但是，照單全收是件更危險的事。最好的做法，是盡可能將命令或指示轉換為「自己提議的做法」，主動讓別人知道自己的最佳擊球點在哪裡。

*

簡單來說，過了四十歲就要懂得選擇工作。

對於所有找上門來的工作，自己不必都得站上打擊者的位置。不是每個人都需要以成為投手兼第四棒為目標，有時也必須把揮棒的機會讓給其他人。

今後的我不以大顯身手為目標，只專注鑽研自己辦得到的事。有時，協助別人大顯身手也是一種工作。

我也深刻感受到，自己最近的成長就表現在這種工作態度上。

不論任何人，一定都有他的長處。我希望能找到別人的長處，思考怎麼做才能幫助他發揮實力。現在的我認為，默默地盡力支援別人也是工作項目之一。希望各位明白，培育人才並不是單方面的付出，所謂教學相長，是自己也能從中獲得成長。

# 所有事情都與自己息息相關

我每天晚上七、八點和家人一起吃晚飯，十點左右上床睡覺，早上五點起床，每兩天慢跑一次，每次跑十公里，八點上班。對我而言，如此規律的習慣是最重要的一件工作。

「健康管理也是重要的工作。」我在即將邁向四十歲時確立了這個觀念。但在那之前的我，毫無生活規律可言。

二十幾歲時，我往來於日本與美國之間。有時會去打工，有時只是四處遊蕩，過一天算一天，生活作息亂七八糟。

進入三十歲之後，好不容易成為自由工作者開始工作，現在回想起來，當時幾乎連一天也沒休息過。一方面是因為組了家庭，有了小孩，不工作就活不下去，另一方面是工作實在太有趣了，令我深深著迷。也曾有過整整兩天沒睡，就為了拚命工作。幸好從來不曾因此累垮，但儘管如此，生活節奏還是完全錯亂了。

我就這樣持續著不規律的生活，有天忽然發現這是對自己的消耗，不只是肉體，連精神也逼近極限。同時，工作的品質亦隨之低落。年輕時，還可以依賴感覺與體力而持續具有產能，但這並非長久之計。於是我停下腳步思考，最後做出「必須有規律地生活」這樣的結論。

*

是父親讓我知道，規律生活的態度有多重要。

如果我吵著「想去補習」，父親就讓我去補習，吵著「想學珠算」

就會讓我去，他從來不曾對我嘮叨過任何事。像是「你要更用功」或「最好還是要考上好大學」之類的話，他更是從來沒說過。

父親的想法是「比起聰明的頭腦，健康的身體更重要」。記憶中，我最常被父親稱讚的就是小學時拿了好幾次的全勤獎。

對生於昭和時代的父親來說，人生就是要老老實實工作。比起在家管教孩子，他認為讓孩子看見自己工作時的樣子就是最好的身教。

父親自己經營一間小公司，承包天線塔或煙囪等建築工程。當時日本正值新大樓不斷建設的經濟高度成長期。

他的工作需要奔波日本各地，負責管理工地的他，每到一個地方就得待上好幾個月。父親的寶物就是他蓋的天線塔與煙囪的照片，因為有好幾十張，沒辦法全部擺出來，但他還是把它們全部裝進相框裡，時常盯著看。我想，那是父親的驕傲。

因為工作性質而經常不在家的父親，卻在我升上國中之後，變成整天待在家裡的人。當時父親才四十五歲左右，本是該全力投入工作的壯年。

以前父親的工作方式是獨自前往工地，找尋當地遊手好閒、近乎不良少年的年輕人，將他們召集起來訓練成工匠，再和他們一起著手進行工程。那個時代的安全標準和法規還不像今日這麼完備，所以才能這麼做。

這些人個個身手靈活，我相信父親在工作上也很謹慎小心，只是高處的工作難免也有危險性。某天，工地發生了一起意外事故，一位年輕人就這樣過世了。自責的父親決定把公司收起來，不做了。

父親心中大概有什麼斷線了吧。之後，有時雖然會去熟人公司幫幫忙，但從他身上再也感覺不到工作的動力。幸好母親這時開始經營麻將館，才得以不用擔心家計。不過，看到父親懷有罪惡感的模樣，身為孩子的我還是會感到心痛。

即使是沒有工作的日子，父親依然早起，就算待在家裡不出門，也會穿戴整齊，在固定的時間與家人共進晚餐，過著規律的生活。我想，那是父親撐住自己的方式，規律生活就是他給自己的「工作」。

三十幾歲忙於工作的那段時間，有天，我不經意地想起父親的身影，於是下定決心，無論工作忙碌還是閒暇，一定要在可能的範圍內過嚴謹規律的生活。

*

小時候我曾被父親訓斥過一次，原因是對某件事表達「那又不關我的事」的想法。

「世上發生的事，沒有一件和自己無關！」

父親很生氣。

對於發生在眼前的事，父親絕對不會視若無睹。儘管不會多管別人閒事，但也不會裝作沒看見或不知情。因為這種個性，他才會認為那起意外事故，自己無論怎麼贖罪都不夠。

「沒有任何一件事是與自己無關。」

在那之後，父親動不動就會提起這句話，但並未對此特別做過說明。我自己推測他的意思應該是「人活著就要堂堂正正面對世界」、「不要逃避」。無論是好事還是壞事，都要勇於面對。若是事情順利時會抬頭挺胸、理直氣壯地說「我也有功勞！」失敗時就低下頭一副事不關己的樣子，那不是他的生存之道。每個人都要將自己視為這個社會的一份子，否則就稱不上是個獨立的社會人。

有些人對什麼都喜歡說「這和我無關」，可是一說這話就代表這個人沒救了，因為沒有比冷漠更可怕的事。隨時思考事情「和自己的關係」才是積極的生存之道。

若想在面對所有事時，視自己為與之休戚相關的當事者，就必須隨時調整好自己的狀態，總是做好萬全準備才行。規律的生活就是這麼做的基礎。隨時保持積極進取的活力，也是受人信任的第一步。

只要過規律的生活，就能擁有自己的時間。有了自己的時間就能吸收新事物，也有足夠的時間從容思考。如此一來，便能更具生產力。

三十五歲前，我的人生信條是「勤奮工作」，在那之後，我的信念轉變為「好好生活」。到了現在，我的信念則是「生活即工作」。

檢視自己這樣的轉變，我覺得很有趣。

# 坦誠以對，真心相待

我對所有一切都要真心坦誠以對，也不自我設限。

為了秉持「凡事都與自己有關」的態度生活，我希望自己能擁有不設限的真心坦誠。

不夠真心坦誠就學不到東西，無法把握住機會，也不會與新的人事物相遇。

不夠真心坦誠，就等於自我封閉。

失去真心坦誠，就會停止成長。

決定一個人年輕與否，關鍵不在年紀，而在於是否真心坦誠。

*

最近，很多人對任何事都擺出一副事不關己的態度。

我還聽說，連小孩都不再對所見所聞的事由衷發出「哇，好厲害！」的真誠讚嘆。

不過，大家對一切都漠不關心嗎？其實並非如此。對於跟自己有關的事，當然就不會冷眼旁觀了，我覺得大部分的人應該都很有興趣吧。

跟自己有關的事最特別、最美好，也最耐人尋味，好到捨不得一人獨享，所以才會有那麼多人在Twitter或Facebook上公開自己的生活。

社群網站的意思雖然是「聯繫起社會群眾的網路服務」，但我很懷疑使用這類服務的每個人都擅於社交嗎？有些人只喜歡透過自己的故事與人交流，對別人的故事則毫無興趣，這樣的人其實很多吧。

一群非談論自己、非說跟自己有關的事不可的人聚集在一起，對彼此說著自己想說的事，這時，到底誰會是傾聽的一方？

出現在自己故事裡的人有一起聚餐的朋友、共度節日的戀人、為自己慶生的夥伴等等，乍看之下多采多姿。然而，一旦失去了真心坦誠，對自己之外的人冷漠無感，出現在你故事中的其他人就和舞台布景道具沒兩樣了。以自我為中心的人，專注於編織只有自己出場的故事，獨自為故事著迷，光是這樣還不夠，為了「想讓大家也看看！」的私心而在社群網站上發聲。

那難道不會成為一個既無聊又寂寞的故事嗎？

跟自己的故事比起來，我更想聽別人的故事，對別人的事也充滿好奇。

總覺得一個人會不會對別人的故事感興趣，或者能不能真心坦誠地傾聽別人的故事，可以從這個人「讀不讀書」看出來。

也有人說讀書習慣顯示了世代差異。事實上，我也聽說現在的大學生中，有四成的人一個月讀不到一本書，這可說是年輕人對自己之外的人毫無興趣的證明，說來也真令人哀傷。

書本對我而言很重要，讀書也是一種絕對真心坦誠的體驗。為什麼這麼說呢？因為真摯傾聽別人的故事是極度美好的經驗。

讀書時是處於完全被動的一方，全盤接收作者的主張。

雖然也有一種享受讀書的方式是不時放下書和自己對話，但我稱那為「為了思考而讀書」。

一般的讀書則是「為了學習而讀書」，這種時候最好真心坦誠地接收書中的內容。讀到自己不知道的事時，由衷發出驚訝的讚嘆；讀到與自己意見不同的事情時說聲「原來如此」，恍然大悟地接受；讀到意想不到的內容時，提出「為什麼？這是什麼東西？怎麼會這樣？」的疑惑，用好奇心來接收內容。

其實不只是讀書方面如此。

對於一切的人事物及現象，千萬不要用既有的知識和先入為主的觀念解讀，或看了別人的評論後就輕易以為自己了解。對於眼睛看到的、耳朵聽到的或肌膚感受到的東西，人們很容易立即用「好壞」、「喜惡」等標準來判斷，或急於以自己的標準及價值觀去論斷，其實這是非常不客觀又吃虧的事。

「做出判斷」這件事，有時能使自己感到安心，這說來或許無可奈何。不過，這時不妨試著說聲「原來如此」、「原來是這樣啊」，懷著真心坦誠的心接受，先暫存在內心。簡單來說，就是不要隨手丟進垃圾桶。這麼一來，自己也會敞開大門，看到不同角度的景色，不斷接收更多新奇的事物，只要是稍感興趣的東西，就會用真誠坦率的心去相信它。

或許有人會擔心，如果「什麼都毫不懷疑地接受，會不會被騙或蒙受損失啊？」就姑且先以不計較得失的心態接受，真心坦誠地相信，這也是一種經驗。無論結果是成功或失敗，總有一天都能成為自己的養分。

「對任何事只是一味接受，會不會失去自我，變得沒有主見了？」或許也有人會這麼擔憂，但我要說這是杞人憂天。沒錯，這麼做可能會受傷，也可能會嚐到痛苦的滋味，可是人生在世本來就無法確保自己能像新出廠般毫無瑕疵。

把接收到的東西重新咀嚼、消化，日後就能內化為自己的一部分。真誠坦率接收的知識，總有一天會轉化為自己的原創。

所謂重新咀嚼消化，指的是一再反覆思考，或是遇到困難時想盡辦法解決。很多人以為這些都是靠自己就能做到的事，事實上，過程中絕對得借助他人幫忙。

無論自己是否有所察覺，一定都曾接受過他人的幫助，或曾因他人的智慧而受益。

「別人的出手相助」，並不一定全都是具體的幫助；「他人的智慧」也不盡然全是正確的建議。

遇到瓶頸的時候，有時只要聽到有人愉快地對你說聲「早啊」，就有可能因此打通任督二脈。

光靠自己苦思不足以解決問題時，在生活中對我們關懷呵護的家人，有時也會成為靈光一閃的動力，刺激我們產生新的想法。

事實上，幾乎所有事都無法靠一己之力達成。我們每個人都接受著別人的幫助、外界的給予，也接受著他人的鼓勵。

這麼一想，自然就會產生真心坦誠接受一切的心情。

成為一個真誠坦率的人，接受現實中與別人有關的一切。

絕不逃避眼前發生的事，不背轉過身，甚至沒有一時半刻別開視線。

總是堂堂正正面對，總是真心坦誠接受，如此一來，就能主動與所有人事物建立關係，無論何時何地都認為自己也是其中一份子。

我認為，若不認為在這世上自己與任何人都具有密切的關聯，就無法說出屬於自己的故事。

# 放棄動腦，就會懂得用心

有一次，為了採訪一位烹飪老師，我和年輕的編輯事前開會討論準備。

年輕編輯雖然很緊張，卻準備得近乎完美，令我大吃一驚。

他連自己要說什麼，再請老師針對料理說什麼，然後自己再提出什麼問題……全都像腳本一樣先擬好了。還事先做了鉅細靡遺的全盤調查，連老師經常使用的調味料都知道。

細節全部準備得萬無一失，就算不用採訪老師，恐怕也能立刻根據這些資料寫出關於烹飪訣竅的初稿。

然而，這裡面缺少了最重要的東西。雖然充滿細節，卻沒有核心，且缺乏熱情。

「我們為什麼要邀請這位老師接受採訪。」我告訴他，首先我們應該簡單扼要地告訴老師這一點。

接著是關於「我們想知道的是什麼」，只要簡潔地說明重點，剩下的就交給老師發揮，這麼做代表我們對老師的信任。請老師特地撥出時間接受採訪，需要做的只是虛心接受他的指導，不必連答案都幫對方準備好。

*

接到各種工作委託時，我經常先問對方這個問題：「請問，為什麼會想要找我呢？」

這是我最想知道，也是最重要的事，除此之外的都是其次。

對方選擇我的原因，無論是基於情感，或只是單純的答案也無所謂。

「因為對你感興趣。」
「因為讀過你的書。」

得到這些答案就很充分了。只要知道自己受到青睞的是什麼地方，就像得到一個線索，可以根據這個線索思考自己能在什麼地方派上用場。

最重要的是，我想和表達自己意見時言詞不多加修飾的人一起工作，所以想聽聽對方選擇我的原因。

再者，既然已提出邀請，就不要等對方到了面前，才用「像是一邊翻菜單一邊點菜」的態度跟對方說話，這樣很失禮。自己現在為什麼邀請對方，希望從對方身上獲得什麼，能將這個好好表達清楚是很重要的事。我認為這就是「用心」。

「大家別再一直動腦了。」我很想這麼說，並且不斷強調這件事。「從今天開始，別再動腦了。」這句話甚至可以寫成標語。成為毫無防備的人，成為笨蛋，放棄用腦，如此一來，自然而然會懂得用心。

不用心就無法打動別人。

「因為老師您做的料理大受好評，對湯頭使用的昆布和柴魚乾又非常講究，真是教人佩服，尤其是柴魚高湯更是有口皆碑呢，可以請您傳授幾招訣竅嗎？」

「哪怕就只有一次也沒關係，我一直很想和老師見面。」

以上兩種說法，哪一種更能表達出心意呢？

表現出一副精明幹練的樣子誰都會，可是那又如何？嚴陣以待，準備萬全，一心只想找到正確答案的做法，只會拉開人與人之間的距離。

我們都太急於找尋正確答案了，而且為了在有限的範圍內找出正確答案又過於拚命。

＊

現在這個時代，就算去陌生的國家旅行也不會迷路。只要打開智慧型手機就有地圖指路，可以循最短路徑抵達目的地。

到了許多人一致推薦的美食餐廳，食物的確很好吃，無可挑剔。吃完之後再前往必遊景點，站在眾人推薦的角度拍照。

但這樣的旅行，只不過是在確認已經知道的事。既然沒有新發現，又有什麼好玩的呢？

人際關係也一樣，往往一心只想著不要出錯，抱著防備的態度與人接觸。為了避免傷害對方，小心選擇不會踩到對方痛腳的遣詞用字，也避免讓對方做出同樣的事。交談之間說的都是不痛不癢的話題。即使在家人、戀人或好友面前，也無法展現不設防的一面，滿腦子都在思考「到底該說什麼話才對」。

正因為在人際關係上想要追求正確答案，動不動就會去區分對人的喜惡。

對朋友只會分成「想親近的，不想親近的」，對異性則分成「想交往的，不想交往的」或「想當成結婚對象的，不想的」，像這樣用最快的速度篩選判別。

這麼做或許不會受傷，可是我覺得很無趣，少了點什麼。

就像難得去了海邊，卻說「我不想弄濕身體，所以不下去游泳」，只穿著泳衣坐在海灘陽傘下是一樣的道理。

不是我不明白想追求正確答案的心情，有時確實也有對當下的自己而言最適合的答案。

不過，即使是正確答案，隨著時間也會有所改變。在下一個瞬間，或許又產生了新的最佳解答。既然如此，與其把心力用來預測正確答案，不如讓自己敞開胸懷，只追求當下「更好的東西」，或許才是健全的生存之道。

無懼受傷，不具防衛心，毫不設防才能拓展可能性。

這麼做當然也會有風險，只是我總覺得，唯有不用腦的方法才能找到更豐富、更嶄新、更幸福的東西。

雖然是老話一句，但我仍要說，就不顧一切豁出去吧。只要做好可能會有風險的心理準備，過程中必能有所收穫。

就算豁出去失敗了，也不會是世界末日。

失敗之後，就會展開新的風景。

試著別再動腦了吧！

# 推不動，就試著用拉的

每個人都會遇到瓶頸。對，就是那種不管做什麼都不順利，連帶還影響到人際關係，讓自己失去活力與自信的時候。

我們人類也是生物，身心狀態都會有起有伏，會感到疲累，有時也會生病。受到環境影響也是在所難免的事。此外，當遇到棘手的現實問題時，心情更是會隨之低落。

然而，這些事在每個人身上都會發生，重要的是要知道遇到瓶頸時，該如何照顧自己的心，克服低潮。

就像一年會感冒一次，半年會拉一次肚子的人，學會在身上準備救急藥品一樣。既然遇上了，就該知道怎麼應付。

*

工作不順，心情沮喪時，我會選擇暫時脫離低潮漩渦，轉為思考完全無關的另一件事。和眼前的不順稍微拉開一點距離，思考現在的自己想做什麼？對什麼感興趣？讓自己歸零，想像自己的心和大腦重新回到一片空白的樣子。我這種近乎想像訓練的做法，確實曾經多次將自己從沮喪的狀態中救出。

比方說，我會思考這樣的事：

「如果要辦一本新雜誌，該做什麼樣的內容好呢？」

「做一本什麼樣的雜誌，才能滿足目前還沒有人察覺的新需求？」

我想到的關鍵字是「週末」，因此決定以此為這本雜誌的核心概念。週末就是「Weekend（代表明天放假）」。每個人都會有週末，想到「明天放假」這件事就令人雀躍不已。

雖然這些只是我的想像，但為了辦一本名為「Weekend」的生活風格雜誌，我將想到的各種相關詞彙寫在紙上，試著勾勒出這本雜誌的形象。這種感覺就像小孩子玩遊戲。

週末想做的菜、週末想嘗試的嗜好、適合週末的流行服飾、週末想去哪裡旅行、週末怎麼休息、週末要和誰如何共度……像這樣，以「週末」為關鍵字模擬各種情境，點子源源不斷產生。愈是遇到眼前工作陷入瓶頸時，這種遊戲玩起來愈開心。玩得愈是開心，創意點子愈是源源不絕。以「週末」為始，激盪出其他一個又一個新的主題。

陷入某種煩惱或痛苦的時候，就該走出那個漩渦，思考什麼是能讓自己樂在其中的事物。無論多無聊的小事都沒關係，因為那是只為自己存在的樂趣。這麼一來，就會莫名充滿活力，產生希望，心好像變得更開闊了。說起來，這就是回到原點，恢復自己原本該有的樣子，也可以說是為失去的能量充電。不管怎麼說，目的都是透過思考自己喜歡的事物轉換心情，消除壓力。

以上舉的只是其中一例，是我自己喜歡的方式。每個人都可以思考各種自己喜歡的做法。

重點是要試著深入探究自己的興趣和嗜好。把注意力放在無關現實壓力來源的問題，或是換個角度看事情。

雖然終究不能逃避現實，但如果能有一整天的時間，暫時脫離當下，有時反而能改善問題。

「推不動就試著拉看看。」

我很喜歡這句話。

無論是生活或工作上的瓶頸，有時再怎麼努力也沒辦法解決。堅持不放棄的心態固然很重要，卻可能因此令自己疲憊不堪。

徒然的掙扎無法解決問題。很多時候，需要的是時間。
無所適從時，我認為「就讓自己保持在不知道該怎麼做才好的狀態」也無妨。退後一步，將問題暫時放下，和現實保持一點距離，抱著「休息一下」的心情休養生息也沒關係。
放輕鬆玩一玩吧。

# 敵人有時也會是朋友

我的祖父是個很難用一句話形容的人。很有想法的他，一生過得相當動盪精彩。

他對別人很好，做了許多好事，但也給許多人添了麻煩。他曾有過很有錢的時候，也曾經歷過真正的窮困。

現在回頭想想，祖父終其一生不曾改變的魅力是什麼？我想，應該是他「非常重視他人」這一點。

祖父重視的不只是對方的社會地位高，或是對自己有利的人又或自己喜歡的人，而是無論對方是什麼人，他都一視同仁，一樣重視。

我小時候去祖父家玩的時候，總是會看到很多從沒見過的陌生人。

「爺爺，那個人是誰？」

年幼的我這麼問，得到的回答大概都是：「喔，是暫時住在我們家的人。」

有離家出走的年輕人，有被逼得走投無路的人，有拋棄家庭逃跑的人，或是沒有容身之處的人。祖父毫不介意地收留了他們。庇護他們，供應他們吃喝，給他們一個睡覺的地方，照顧他們。去者不留，來者也不拒。

也有很多人上門借錢，祖父都豪氣地借出比對方要求更多的金額。不只自己手頭寬裕時如此，就連自己沒錢的時候也依然是這個樣子。祖母一定很受不了。

「隨便就把錢借出去，也不知道人家什麼時候才會還。」

為了還清手頭的欠債，祖母好不容易籌到錢拿回家，這筆錢馬上又被丈夫拿去借給別人。身為一個想法實際的女性，也難怪祖母會抱怨。

聽著他們的對話，祖父有一句話令當時還是孩子的我佩服不已。

「人家有困難，我們應該先出手相助才對。」

祖父這輩子就是這麼活的。所以到了晚年時，即使自己沒有錢，也從來不用擔心日子過不下去。有太多人願意對祖父伸出援手了。

祖父絕對不是個濫好人。他對人的重視來自更深層的地方，也因此深受眾人敬愛。他是個永遠不會忘記笑著表達感謝的人。雖然俗話說「沒錢就沒交情」，但祖父與他人的交情從來不是這麼膚淺的關係。

*

無關利害，不求回報，盡可能提早發現人世間的問題，執行解決之道，幫助更多人。如果能夠這麼做，終將反饋成為自己的力量，成為人脈的根源，這也是「對社會應該做的事」。

若不去累積足以助人的能力，就不可能建立人脈，工作也不會順遂。反過來說，培育足以助人的能力，就等於累積人脈，讓工作能一帆風順。

這是我從祖父身上學到的道理，已深深植入我心。自己平時在日常生活中幫助過多少人，決定了自己面臨危機時能獲得多少人幫助。

你曾出手相助的人都是你的人脈，反過來說，就算認識或僅有一面之緣的人再多，也無法拓展人脈。

此外，會在困難時對自己伸出援手的，未必是平時就跟你交情好，也未必是自己喜歡或意氣相投的人。我想，人與人之間的聯繫或許超越了喜惡，那是種從內心更深處產生能打動人心的東西。

*

所有認識的人和自己之間都有某種關係。無論是隸屬同一組織還是同一群夥伴，其中必然有著什麼。

至少，我經常感覺到彼此間有著「緣分」。緣分這個字很難用言語說明，就像人與人之間一條不可思議的線。

說來丟臉，我也不是和誰都能好好相處，有時會忍不住瞧不起別人，也經常覺得無法原諒某些人。

相反地，一定也有很多人無法接受我吧。

雖然不用勉強自己喜歡合不來的對象，但至少提醒自己不要逃避。道不同就不相為謀，但是要盡可能尊重對方，也會努力幫襯對方。

既然無法不往來，與其逃避「討厭的人」、惡整對方或說些挖苦的難聽話，不如認同對方的存在，也給予尊重。

說不定日後還有機會彼此理解，現在可能只是被自己先入為主的主觀誤導，擅自認定「這個人就是那種人」而已。

「關於對方，自己理解的僅是一小部分。」這種想法何嘗不是建立人際關係時的重要前提呢？

我也是最近才開始能這麼想，不過回溯起來，或許幼年時期就已受到祖父的薰陶。

在超越個人好惡的人際關係中，我最重視兩件事。

一是絕對的信任。

二是不管發生什麼事，都選擇原諒與接受。

我認為只有彼此信任、互相體諒，才能建立關係。

「互相體諒是很重要的」，聽到我這麼說，或許有人會誤解為鄉愿。然而，這裡所說的接受，指的是接受對方原本的樣子。

每個人都是脆弱、狡猾又不完美的。所有人都背負著煩惱與痛苦而生。我們永遠都在尋找正確、美好的答案，猶豫該選擇什麼或拋棄什麼，即使如此，我們還是找不到答案。永無止盡地追問，也一點一滴地學習。我們學到的東西，大多來自他人，正因如此，才更該重視他人。

只要承認了彼此的不完美，個人好惡就會變成枝微末節的小事，敵人與同伴之間的界線也會消失。很快地，對任何人就應該都能認同接受了。

合不來的人，也是教會自己許多事物的人生導師之一。

這麼一想，就能珍惜身邊所有的人，也會樂意付出愛。

# 比好惡更重要的事

和某個人無法好好往來，無論如何就是不喜歡。實在合不來，說不出為何就是討厭、看不慣、想法不同……相信很多人在人際關係上，都曾為這類想法所困吧。

生活中及公司或工作上認識的人裡，難免出現和自己話不投機的人，這很正常。所以，我決定在面對人際關係時，不受自己的情感左右。某個人對自己來說是否重要，和自己對他的喜惡是毫不相關的兩件事。

＊

重新思考自己和哪些人維持了長久的交情時，忽然發現一件有意思的事。

我發現，原來自己對他們未必抱持濃厚的情感。這麼說或許容易被誤解，但與我維持長久交情的人，似乎都是我既不喜歡但也不討厭的人。

選擇一起工作的夥伴，選擇共度未來的另一半或選擇朋友時，我都不是基於喜歡也不是因為討厭，而是另一種完全不同的情感。這些人並沒有給我什麼特別不同的東西，彼此之間也沒有產生強烈的吸引力。我站在抽離的角度想，真是不可思議的關係啊。說到底，或許只是奇蹟似地和這些人對某些小事的看法一致，或同樣擁有某種難得的價值觀。我們是相似的同類人。這句話聽起來很老套，但簡單來說就是這樣。

相似也可以說是超越喜惡、近乎信賴的關係吧。

「我們想借用您的書店當作拍攝的場所。」

電視劇的製作公司登門，提出這樣的拜託請求。說是會直接在劇中秀出店名，所以也能當作書店的宣傳，拍攝時間是晚上打烊後，因此不會妨礙營業，更何況還會支付場地租借費用，按照一般人的想法，只有好處沒有壞處。

然而我卻婉拒了。雖然我們的書店是位在知名的河川旁、具有文藝氣息的地方，但是在普通住宅公寓的一樓，樓上住著一般的居民。除非是櫻花盛開的季節或碰上燈節活動，否則在生活步調悠閒的中目黑這一帶，入夜之後向來寧靜。

在這樣的地方拍攝電視劇，工作人員頻繁進出時，再怎麼小心也會比平常吵雜。雖然可以事先徵詢住戶的意見，但也根本沒這個必要。

我和合夥人商量這件事，說因為這個原因所以打算拒絕。他聽了立刻回答「ＯＫ，當然」，口氣就像在說「今天天氣真好」一樣乾脆。

當時我心想，太好了，再次體認到自己跟他的價值觀相符。同樣是做生意的人，一定有許多人抱持「考慮到宣傳效果，沒有理由不答應」的價值觀，那種想法當然也沒錯。

這件事沒有對錯，單純是價值觀的不同。不過，和價值觀不一致的人一定無法長久一起工作。我和合夥人已經一起合作十三年了。

不以自己為最優先考量。這就是我和合夥人的共同價值觀。在工作上遇到需要下判斷時，我們從來不先顧及自身的利益，總是以顧客、合作廠商、工作人員和其他相關人士為前提。

舉例來說，「COW BOOKS」的組織規模小，沒有訂過嚴謹的公司規章，即使如此，工讀生離職時，我還是希望能給他們一筆退職金。

就算工作期間再短，這筆退職金也能當作祝福他們邁向下一份工作的餞別禮，站在公司的立場表達「辛苦你了」的心意。有些經營者可能會認為不需要發退職金給工讀生，就算不發這筆錢，也不至於被人說成是「糟糕的公司」。不過，我和合夥人根本沒討論過，就同意「當然該發退職金」。

不以我們自己的利益為優先，而是以公司或工作人員新的挑戰為優先。

這是最初「COW BOOKS」成立時就決定好的原則。

*

價值觀這東西說來抽象，很容易流於空話。正因如此，我才認為應該盡可能事先具體明確地討論好。

這種時候，思考「什麼事情比自己更重要」，就是一個判斷的基準。

比方說，應該沒有人會否定「尊重女性，重視兒童」這個價值觀吧。可是，當公司裡有員工休產假時，無法打從內心祝福，而是把自己的工作方便看得比對方重要，這種人就得另當別論了。

儘管嘴上說著「恭喜恭喜」，內心想的卻是「這麼忙的時候搞什麼鬼」，這種人根本不具備尊重女性的價值觀。

「什麼時候會回到工作崗位也不知道，休什麼有薪假！」會暗自發這種牢騷的人，肯定也不具備體貼對方、重視育兒的價值觀。

最重要的一點，有緣共事卻無法發自內心地和對方分享生命的喜悅，對我來說，實在很難和這種人建立進一步的關係。

就像這樣，由於價值觀這種東西沒有想像中那麼容易判別，在深入交往之前，能否看出對方擁有何種價值觀是很重要的事。無論是工作上的往來或男女關係及朋友關係，如果想建立更進一步的交情，在跨越那條界線之前，最好先跟對方深入詳談，確認彼此的價值觀是否相符。

尤其在男女戀愛關係上，容易失去理智，被熱情沖昏了頭，有時可能無法正確判斷出對方的價值觀。

剛開始就算彼此理念不同也還能包容，但是，時間久了就會愈來愈不能忍受，當初的熱情會隨時間而冷卻，所以，最好一開始就先確認並討論雙方的價值觀是否相符。

只要先敞開心房，說出自己的想法。告訴對方，你最重視的是什麼。

# 能好好吵架的朋友，才是真友情

我一邊冒著冷汗，同時又覺得好羨慕。

看人吵架竟然會產生這種心情，那是很久以前去拜訪某著名平面設計事務所時的事了。

兩位專業設計師合夥成立設計事務所已經有幾十年，當著依約前來開會的我這個局外人的面，毫不避諱地大吵一架。兩人都堅持自己的意見，雙方僵持不下，幾乎是對彼此大吼大叫了。

「不好意思，雖然這是常有的事。」

助理惶恐地向我道歉，我卻因為見識到創作現場的驚人氣勢，不由得看得入迷。

為了「做出好東西」，認真的兩人不惜爭執也要全力以赴，正因如此才做得出厲害的作品。對於他們那彷彿夫妻間才會如此大吵的關係，我甚至感到嫉妒。

*

和長久合作的夥伴之間擁有相同的價值觀固然很重要，但也不需要所有意見都相同。倒不如說，身邊有個和自己意見相違的人更是重要。「價值觀」與「想法意見」是兩回事。價值觀的基礎是建立在更深的地方，想法及意見則只是眾多方法中的一種，會隨時間和場合改變。

人愈長大就愈不柔軟，失去彈性，所以最好多聽取不同的意見，被打擊得滿頭包也好，和人徹底起爭執也是好事。

然而不知為何，人愈長大就會愈排斥和自己不同的意見。長此以往，結果就會成為只能容許一種聲音的一言堂或變得剛愎自用。缺乏彈性、太過固執的組織高層，總是排除異己。為了不想被邊緣化，員工往往會配合行事，不敢唱反調。這樣的組織就只能流於守舊，而無法創新。

現在的我，站在為公司面試新人的立場，總希望自己能盡可能採用意見不同的新夥伴。

意見不同雖然會產生衝突，但衝突其實是確認結論是否正確的最佳方法。就算最後自己的意見被採納，但在聽到別人提出不同的意見時，如果能停下腳步思考一下，說不定還能做出更好的結論。有時，雜音也具有價值。

＊

和持不同意見的人交談，有時也會演變成類似吵架的爭論。

我基本上不是個喜歡爭執或吵架的人，即使如此，在和自己有一定交情的人產生意見衝突時，我認為爭執也沒關係，應該說會發生爭執還比較好。

不論是在工作上或私領域，只要是自己所重視的人，我希望在事關重大的情況時，對方也是個願意用心和我起衝突的人。

「無論如何都希望你能理解！」

「想盡辦法也要讓你明白！」

之所以產生這個念頭，全是因為重視對方的緣故。若是換成怎樣都無所謂的人，應該不會產生這種心情吧。但是，那種因為不小心碰到對方或說話口氣不好等理由所引發的爭執，和我想要「吵一場好架」的動機是大相逕庭的。

小時候我差不多一星期和朋友吵一次架，而且對方一定都是交情好的朋友。

吵架不是因為討厭對方，而是希望感情更好才吵。吵到兩人哭著像小狗一樣扭打在一起，筋疲力盡了才說「算了，不吵了」，然後結束這場爭吵。

不可思議的是，吵完之後，彼此的感情總是會比吵架之前更好。在爭執扭打的過程中，我們從對方身上所獲知的事情比平常還多，或許是因此而更了解對方了吧。也可能是因為爭吵時，我們都毫不保留地流露真正的情感。

長大成人的現在，雖然不再和誰扭打成一團，但還是有辦法吵一場好架。

首先，彼此都要全心全意地投入爭吵，拋棄裝模作樣的面子，徹底說出真心話。不要害怕意見不同，要光明正大提出自己的想法。如此一來，就能得知對方脆弱和溫柔的一面。

有時也會有因為價值觀不同而引起的爭吵，這種時候，選擇分道揚鑣也是一條路。

還有，爭吵的結束方式也很重要。我很喜歡橄欖球運動在比賽結束時說的「No side」。意思就是勝負一旦結束，大家就不再敵對，而是朋友。

架不能永遠吵下去，總有一天會結束。這和摔角或拳擊比賽不一樣，爭吵的尾聲不該是其中一方給了對方致勝一擊，不能用拚個你死我活這樣的方式結束。

我所見過能吵一場好架的人，都是在吵架時懂得自己宣布「No side」的人。不會做出致命的一擊，不把對方逼入絕境，一定讓對方有活路可走。

確保對方有活路可走，自己說得出「No side」，這就是我心目中吵一場好架的禮節。

一場好的爭執必有超越勝負之處，能顯現出對方與自己內心深處的樣貌。

尤其忌諱的是「致命一擊」，這麼做無異於打對方的臉，讓對方尊嚴掃地，只會讓人產生嫌惡與憎恨。這種爭吵方式無法激盪出更好的意見，也無法加深彼此的關係，更無法解決任何問題，只會引來最可怕的報復後果。

人很軟弱，所以總忍不住想強調自己的強大。平常看起來有風度、客觀中立的人，一旦被逼急了也會想誇耀自己的厲害與正確性。

「我才是最強的！你是魯蛇，我才是勝利者。」

這種時候或許感覺自己取得了壓倒性的勝利。清楚分出勝負也或許讓你感到很痛快，可是，人生沒有永遠的勝利。

如果無論如何都想分出高下，就把結論交給對方決定。即使自認贏的是自己，也要把輸贏的判定權交給對方。

別忘了，吵架的目的是希望增進情感。

萬一遇到吵架只會讓彼此關係變得更差的對象，迴避爭執也是大人的聰明做法。

# 緣分無法以時間衡量

我不認為只有來往很久的人才是有緣分的人。

有時，從某些人身上受到了強烈的影響，或是感到難以抗拒的吸引力，當下彼此彷彿被一股強大的磁力牽引在一起，儘管如此，最後也未必能維持長久的互動。

有些人雖然沒有鬧翻，但就漸漸失去了聯絡。

也有曾經非常喜歡，曾幾何時卻疏遠了的對象。

緣分是很不可思議的東西，我總覺得那不是我們能控制的事。

*

人與人之間的關係雖然需要努力維繫，但也有再怎麼努力都無法持續的時候。

「明明覺得有緣，不知為何卻處得不順利。」這種時候，我認為重要的是不要被自己希望的關係牽著走，因為當下的欲望往往以利己居多。

該加深關係嗎，該更進一步認識嗎，還是該維持現在的狀態就好？面對日益淡薄的關係，是該努力讓彼此關係回溫，還是乾脆放手？這種情況下，最好是彼此都有默契，讓一切順其自然。就算時間再短，從一段緊密的關係中，彼此還是能學到很多東西，又怎能說是無緣呢。緣分真真切切地存在，不過，此時只要默默放手，期待「他日再相逢」。

緣分深淺無法以時間的長短衡量，在一起時間長的未必是善緣，期間短的也未必是孽緣。

我們都活在各種緣分之中。再說，說不定哪天也可能會再次重逢。

回想過去的經驗，我認為很快就結束的緣分有兩種。

一種是在除了交情之外的地方，彼此利用的關係。

「和這個人在一起，就能開拓眼界。」

「想要從這個人身上獲取新知。」

會這麼想，當然也是因為受到對方有魅力或美好的部分吸引，儘管還不到只以利相交的地步，其中一方還是帶有某種目的性，像這樣的關係似乎就無法長久維繫。

另一種，是只有其中一方付出特別多的時候。

自己付出得多，而對方相對付出較少時，緣分多半就會到盡頭。這就是施與受不平衡的關係吧。剛開始還一頭熱，或許可以不在意，時間久了，這兩者之間的差異就會造成彼此沉重的負擔。

付出的多寡也可說是心意的多寡。理想狀態是彼此的施與受在各自加減之後等於零的狀態，也就是為彼此著想的心意程度相當，付出的程度也相當，這樣的關係對雙方來說是最輕鬆也最平衡的，所以才能長久維繫。

心意的多寡也決定了緣分的長短，這種情形最常發生在男女關係上。不過，同樣的道理也可以套用在公司裡的工作方式、交友關係、上司與下屬的關係等等，甚至親子關係有時也適用。

心意的多寡可以「察覺」得到，但無法「具體測量」。這是因為有時只要表現出溫柔就能掩飾心意不足，反過來說，我們也會有刻意隱瞞體貼心意的時候。

要一一確認對方的心意很難。有時是不敢確認，有時則是確認之後非常難受。

即使不惜一切地想要確認，事實上也無法真的確認什麼。

正因如此，我認為不用對人生中的緣分長短與心意多寡太過執著。畢竟，作為承受容器的「心」，也隨時都會因情感變化而改變，影響對方接受心意的程度。

*

有些緣分就是無法維繫，心意的多寡則難以測量。

聽我這麼說，或許有人會感到絕望。為了不讓自己絕望，我想，只要記住「人都是孤獨的」這個大前提就行了。

我們都該有所自覺，孤獨是人活下去的必要條件。

每一個人都是孤獨的，因此才能理解緣分和心意無法強求，也才能體會同為天涯孤獨人的心情。如此一來，就會產生體貼的心，學會對人溫柔。

因為每一個人都是孤獨的，在遇到價值觀相符的人或值得信任的伴侶時，才懂得感謝並珍惜這個奇蹟。

# 被忽略的，往往都是自己人

那絕對不是一條堅韌的鋼索。
然而我們都誤會了那種牽絆，以為不管拉得多粗魯、多用力，或是任憑風吹雨打，那條繩子也絕對不會斷。
因為是絕對的牽絆，所以沒問題。
這樣的想法，讓我們忽略了重要的家人及身邊親近的人，關係因而變得疏遠。
這條名為「牽絆」的繩子一點也不堅韌，它不但纖細，還輕易就會斷裂、鬆脫。

「都認識這麼久了，不用說也該明白吧。」

「我們交情這麼好，這點小事應該會原諒我吧。」

一旦太依賴牽絆，不知不覺就會遠離原本自己想要的關係。

交往多年的情侶或老夫老妻，往往把不經意的撒嬌、彼此傾訴心情及兩人獨處的方式視為無關緊要。

雖然不是所有情侶都這樣，不過，有些最初能維持三年左右濃情蜜意的關係，再過幾年就會變得索然無味，繼續在一起只是因為習慣，這種事很常見。也曾以為自己很了解對方的想法，某天卻突然發現一切好像根本不是那麼回事。

*

變化就代表著成長，所以人的改變愈大愈好。人與人之間的關係也會隨著這種變化而轉變，昨天的關係和今天的相處方式不需要一樣，反而應該要有所改變才好。正因如此，為了維繫雙方緊密的牽絆，彼此都該付出努力維持。

重新檢視彼此的關係，有時是件可怕的事。舉夫妻的例子來說，就算曾立誓要白頭偕老，一開始也確實有如天作之合般相配，但日後也可能因為各自改變而在哪天發現兩人已經無法再繼續走下去。

察覺改變的事實而分開雖然令人難過，但刻意忽視改變的事實，自欺欺人地繼續在一起更是可悲。我也知道對夫妻而言，只要生活在一起，有時真的不是每件事都能堅持當初的感受與想法，會產生想放棄的念頭也是無可奈何的事。但是，夫妻之間絕對不能忘記一件很重要的事，說來或許可能有點嚴肅，那就是不管發生了什麼事，身為一個人，永遠都要透過態度、說話方式與舉止行為向對方表達尊重之意。

對自己愈是重要的人，就愈該注意到對方的改變。只要互相配合並加以調整，就不會發生令人悲傷的憾事。因為難免會不再像從前那麼想了解對方，因此更要從新的角度重新建立彼此的關係，努力不讓好奇心流失。

隨時發揮想像力，隨時關注對方的需求。

「對方現在有什麼感覺？什麼對他來說很重要？」

除了在親近的人身上要發揮好奇心與關心之外，還要常常以言語溝通，讓彼此都能表達想法，這就是維繫牽絆的方法。

因為牽絆這條繩子很容易因意外而斷掉，放著不管也會脆硬碎裂，隨著時間的流逝，必須好好保養維修才行。

情侶經過長時間的相處，不斷地在各種瑣事上彼此尊重，努力溝通，或許就會成為一對互信互諒、默契十足的老夫妻。

＊

父母和其他家人也是自己人，即使有血緣的牽絆，還是需要付出關懷，關係也需要保養維修。

我的父母對小孩採取放任主義，我自己又獨立得早，親子關係稱不上緊密。

「反正是家人，一兩年不見面也沒關係。」

長年以來，我因為太依賴血緣關係，總抱持著這種想法。然而，這只是我不切實際的理想，和父親及母親的關係，在不知不覺中變得比一般親子還要疏遠了。

直到我上了年紀，驚覺父母已經老邁，彼此才開始努力維修親子關係，盡可能保持聯繫，勤於溝通，多多表達與聆聽。

即使是自己的父母，還是有很多不知道的事，聽到那些事我既驚訝也開心。今後該怎麼做才能將彼此之間的關係經營得更緊密，現在的我非常期待。

在工作上也一樣，對親近如自己人的對象若抱持「因為是值得信賴的人，不用每件事都說也沒關係」，其實是一件危險的事。

一旦在一起太放心，太安逸，關係就會變得隨便，不知不覺只想循輕鬆的方法做事。請提醒自己，與一起工作的人關係愈親近時，愈該比現在製造更多頻繁溝通的機會。

不用說出口的默契雖然令人自在，但同時也很不穩定。有時明明彼此之間出現誤會，或是沒有百分之百理解對方，卻因為沒有表現出來，就這樣不了了之。

不近不遠的信賴關係雖然令人覺得安心舒適，但比起保持這樣的距離，有時反而必須刻意縮短彼此之間的距離。

「這麼說來，不知道那個人到底在想什麼？」當我產生這樣的不安時，對方一定也懷抱同樣的擔憂。這種時候，應該立刻努力溝通才對。

*

修補牽絆最簡單的方法，就是製造在一起的時間，盡可能多多交談、溝通。

如果對方是工作夥伴，除了開會或工作上的交談外，不妨再增加其他相處的時間。如果覺得正經八百地提出「有點話想說」太難為情，不妨一起吃午餐，或是一起外出，工作結束後一起喝兩杯再回家也是個方法。

我經常做的是趁對方有空的時候，抓緊時間上前攀談。一看到他得空休息，就會湊上前去閒聊。

在太多人的地方會無法好好溝通，最好找對方一個人的時候。不管自己多忙，最好都停下手邊的工作抽空聊聊。如果對方是家人，就盡可能一起吃晚餐，或者找時間一起外出購物。

面對工作夥伴也好，家人也好，不需刻意製造獨處的機會，也不要劈頭就問「最近怎麼樣」，閒話家常就行了。先聊聊自己的近況，只要自己先分享十件事，對方多少也會分享他的兩三件事吧。

最重要的是增加彼此在一起的時間，讓對方知道「他對你而言很重要」。

# 希望有朝一日，能好好審視自己

「不夠堅強，不夠健康，就無法在今後的時代生存下去。」

這種想法說來理所當然，我卻活到四十九歲才開始經常這麼想。最近我深切地體認到，強大的力量與符合自己身體狀態的健康程度，是生存不可或缺的要件。

學會技能，提升有智慧的經驗值很重要。

運動、健康管理及適時調整體質也不可或缺。

然而，光是這樣還不夠。正如今後的時代每個人都必須鍛鍊身體，心也要鍛鍊得更堅強才能生存下去。今後的時代，活得像自己，以及擁有「自由」會變成非常不容易的事。無論生活或工作，若想擁有安心的環境，肯定必須先經歷更嚴苛的考驗。

如果不好好鍛鍊身心，恐怕會在社會潮流中敗陣，被環境的變化擊垮。

*

年紀愈大，人愈孤獨。

比方說，可能會在不被任何人需要的狀況中孤獨終老，又或者，即使社會地位較高，卻和下面的人有距離而陷入孤獨。

此外，可能有人認為只要成為父母，孤獨就會如魔法般地被治癒。事實上，成為父母這件事，就意味著在孩子長大獨立後必須承受孤獨。

同樣地，即使身旁有著共度一生的伴侶，也不代表所有孤獨都能就此消除。

聽到我這麼說，或許有人會認為自己「已經擁有意見和感覺都很接近的朋友，所以沒問題。」人在社會中多半隸屬某個組織，也會加入社群或團體。事實上，身在其中雖然的確能讓人安心，但還不到稱得上牽絆的程度。在團體裡的交情，只要一點小事就有可能分崩離析。

沒有人能逃避孤獨。人生來孤獨，活得孤獨，最後也死得孤獨。無論和誰在一起，無論和誰心意相通，到頭來終究是孤獨一人。

正因如此，我才認為必須鍛鍊內心，讓自己堅強得足夠承受孤獨。明白活著就是一件孤獨的事，進而接受這個事實，這是變強的第一步，也是所有人際關係的起點。

孤獨絕不等於孤立。就因為彼此都是孤獨的，我們才懂得溫柔待人。先理解自己的孤獨，才能理解別人的孤獨，進而對人體諒。

如此一來，就能活出幸福又豐富的人生。

「在這麼孤獨的人生中，你想用一輩子的時間做什麼？」

要是有人這麼問我，我大概會這麼回答：「我想發揮『心』的作用。」

「為什麼要發揮心的作用？」

要是有人這麼問我，我大概會這麼回答：「發揮心的作用，是為了理解人類。」

人類這個近在身邊卻又像個未知數的存在，占據了我最大的關注與好奇，也是值得我賭上一輩子的時間不斷拋出疑問的對象。同時，唯有這麼做，我才能感到幸福。

即使永遠無法理解，我也不放棄，只要活著，這一生我希望至少能學會一點關於人類的事。只是稍微接近答案也好，只能理解一小塊角落也沒關係。

或許因為這樣，我才會去思考所有遇到的人和事，想為所有人發揮自己心的作用。

我這個人，就活在那之中。

像個未知數的孤獨的自己，就在那裡，真是不可思議。

雖然現在我所關注的，都是生命中遇見的人，有朝一日，希望也能好好審視自己。

懷抱孤獨而活，就等於和「自己」這個朋友活在一起。

人生的疑問像個沒有終點的圓環。

審視自己，就是不斷問自己「人類是什麼？」有時或許也會感到痛苦，也會落淚，但是，那或許就是終極的學習。

我希望自己能永遠找尋新的東西，真摯地凝視自己，思考自己能做什麼、該做什麼，然後再付諸行動。

# 後記

「正直」這個題目，是某天忽然出現在我腦中的。我自己也感到有些困惑，還有些難為情。然而，盯著「正直」兩字端詳許久，我想，這兩個字背後潛藏的是對任何事皆全力以赴的態度，只有這一點，我自認不輸給任何人，對我而言，拚了命努力就是決定一切的關鍵。

為什麼現在會想到「正直」這件事呢？

因為現在的我，主動辭去任職九年的《生活手帖》總編輯職務，正要開拓新的人生道路。

迎來四十九歲之後，忽然發現自己剩下的時光有限。雖然這充其量只是一種感覺，假設還有二十年的時間可以工作，維持現狀或許才是正確的選擇。然而，在為全新的《生活手帖》建立穩固的基礎之後，現在或許是該將它交給新世代、新人才的時候。讓出自己的位置，讓自己再度歸零。我在考慮風險的同時，也選擇投入全新的領域。

過去，一天二十四小時、一年三百六十五天都在為《生活手帖》苦思的我，內心有一個信念，那就是：為了幫助人們生活得更豐富快樂，需要什麼訣竅，需要有什麼新發現，需要哪些實用的知識，哪些智慧與精神更能夠幫助人們經營與守護生活？這個信念就存在這些念頭的根柢。還有，為什麼要做菜？如何才能享受家事？這個信念也是這些問題的答案。

藉著這個機會，我要首次誠實地將這個信念寫出來。

我的信念就是，「讓所有人成為被眾人所愛，也能關愛眾人的人。」是這個信念支持著我每日生活與工作的一切。讀了本書之後，相信各位也能了解我的此一信念。「對人類而言，幸福是什麼？」這個信念就是我的答案。

踏上一個新領域時，我希望自己盡可能變成一張白紙，挺直背脊，轉換全新的心情。也希望自己懷抱希望、不變的信念與熱情，以及一顆展現真我與坦誠的正直之心。

今後我也將秉持「讓所有人成為被眾人所愛，也能關愛眾人的人」的信念，一天二十四小時，一年三百六十五天全力以赴地工作。對我來說，這就是「正直」。

或許閱讀這本書可能需要花上一點時間，但如果各位讀者也能找到屬於自己的「正直」，我將打從心底感到喜悅。在今後的人生中，面臨各種新的挑戰時，我希望「正直」能永遠是各位決勝的關鍵，也是各位的信念。

和我一樣，一邊暗自嘟囔「等著瞧吧」，一邊懷抱著夢想與希望，絕對不放棄，拚了命地掙扎，這樣的人一定很多。這本書要獻給這樣的你們。還有，在所剩不多的人生中，燃燒熱情直到最後一刻的人，這本書也要獻給你們。

河出書房新社的編輯千美朝小姐說，想將我「讓所有人成為被眾人所愛，也能關愛眾人的人」這樣的信念做成一本書，如果沒有她的熱情就沒有這本書。（日文版的）書籍設計也實現了我的心願，請到鈴木成一先生和助手宮本亞由美小姐經手完成。在我一個人講個不停的討論會議上，鈴木先生毫不猶豫地就立即決定了書名和形象，使本書製作進行得更順利。一如書名，封面如實描繪出我內心毫無虛矯的軟弱與堅強。我真的太開心了。一想到大家都仔細讀完書中的文章才投入本書的製作工作，我又忍不住熱淚盈眶。

非常感謝。

這本書也要獻給在執筆過程中離世的父親。

本書出版之際，應該也證明我已經站上了全新的領域了吧。

松浦彌太郎

CFH0341

# 正直：找尋生活中的真實，成為你想成為的自己

作　者—松浦彌太郎
譯　者—邱香凝
副 主 編—郭香君
責任企劃—張瑋之
封面設計—兒日設計

董 事 長—趙政岷
出 版 者—時報文化出版企業股份有限公司
108019台北市和平西路三段二四〇號四樓
發行專線—（〇二）二三〇六—六八四二
讀者服務專線—〇八〇〇—二三一—七〇五
（〇二）二三〇四—七一〇三
讀者服務傳真—（〇二）二三〇四—六八五八
郵撥—一九三四四七二四時報文化出版公司
信箱—10899台北華江橋郵局第九九信箱

時報悅讀網—http://www.readingtimes.com.tw
綠活線臉書—http://www.facebook.com/readingtimesgreenlife
法律顧問—理律法律事務所　陳長文律師、李念祖律師
印　刷—勁達印刷有限公司
初版一刷—二〇一八年十二月二十一日
初版九刷—二〇二一年四月十五日
定　價—新台幣三〇〇元

時報文化出版公司成立於一九七五年，
並於一九九九年股票上櫃公開發行，於二〇〇八年脫離中時集團非屬旺中，
以「尊重智慧與創意的文化事業」為信念。

正直：找尋生活中的真實，成為你想成為的自己 / 松浦彌太郎著；
邱香凝譯. -- 初版. -- 臺北市：時報文化, 2018.12

面；　公分

ISBN 978-957-13-7610-3（平裝）

1.成功法 2.生活指導

177.2　　　　107019294



ISBN 978-957-13-7610-3
Printed in Taiwan